사지
않고
　　삽니다

일러두기

1. 기업 및 구독 서비스의 명칭은 각 기업의 공식 사이트를 참고해 표기했습니다.

2. 구독 서비스의 요금제는 작성 시점에 따라 차이가 날 수 있습니다.

　(본문 별도 표기, 그 외에는 2021년 4월 기준)

3. 본문에 사용한 이미지 중 저자가 촬영한 사진 이외에는 기업명을 기재해 출처를 밝혔습니다.

4. 본문에 소개된 내용의 일부는 퍼블리publy.co에 콘텐츠로 먼저 발행됐습니다.

사지
않고
삽니다

나만의 라이프스타일을 완성하는

구독경제 소비생활

정희선 지음

미래의창

우리의 일상에
변화가 일고 있다

우리는 어느 때보다도 빠르게 변하는 시대를 살고 있다. 4차 산업혁명, AI, 사물인터넷 등 새로운 기술과 이를 설명하는 단어들이 매일 뉴스에 등장한다. 하지만 가끔은 이러한 이야기들이 마치 다른 세상의 것처럼 느껴진다. 아무리 4차 산업혁명이 도래하고 로봇이 사람을 대체하는 시대가 온다고 하더라도 우리의 일상생활은 비슷하게 흘러가기 때문이다.

　매일 아침 눈을 뜨면 밥을 먹고, 옷을 갈아입고, 출근길에 나서고, 커피를 마신다. 일하고 집으로 돌아와 저녁을 먹고 잠을 잔다. 4차 산업혁명보다, AI보다, 어쩌면 우리에게 더 가깝고 중요하게 느껴지는 것은 매일의 평범한 일상일 것이다.

　그런데 이런 일상에도 변화가 일어나고 있다. 우리는 생활에 필요한 물건들을 점점 '사지 않으며' 살고 있다. 사람들의 소비 패턴에 커다란 변화가 생긴 것이다. 예전에는 필요한 물건이 생기면 구매를 통해 소유권을 가져야만 물건이 제공하는 효용을 얻을 수 있었다. 즉, 대부분의 경우 고객에게는 한 가지의 선택지만 존재했다.

하지만 불과 10년이 안 되는 사이에 소비 트렌드가 바뀌었다. 물건을 구매하지 않아도 필요할 때만 빌려 쓰거나 고정 비용을 내면 무제한으로 원하는 제품을 사용할 수 있는 서비스가 생활 전반에 걸쳐 확산되고 있다.

물건을 소유하지 않고 '내가 사용할 만큼만 빌려 쓰거나' 무엇을 살지 고민하지 않아도 '필요할 때 내 취향에 맞는 물건을 배송받는 것'이 자연스러운 시대다. 우리가 아침에 눈을 뜰 때부터 잠들 때까지 필요한 대부분의 물건을 소유하지 않더라도 원할 때 언제든지 이용하는 일상이 가능해진 것이다.

새로운 구독경제는 무엇이 다른가

•

구독경제는 갑자기 나타난 것이 아니라 이미 존재하던 비즈니스 모델이다. 이제까지 우리는 매일 신문을 받아보고, 집 앞으로 배달된 우유를 마시고, 정기점검 서비스를 받으며 정수기를 렌털하고 있었다. 하지만 최근 들어 구독경제가 폭발적으로 성장한 이유는 무엇일까?

구독 서비스는 '일정액을 내면 사용자가 원하는 상품이나 서비스를 공급자가 주기적으로 제공하는 계약'을 의미한다. 즉, 일정 주기를 가지고 상품이나 서비스를 제공하는 연속적인 계약의 형태다. 최근 새롭게 등장하는 구독 서비스는 이러한 기본 정의에 플러스알파의 새로운 가치를 부여해 고객들의 만족도를 높이고 있다. 새로운 가치는 크게 '큐레이션, 맞춤, 경험' 3가지로 생각해볼 수 있다.

새로운 구독 비즈니스는 제품 및 서비스를 선택하는 데 드

구독경제의 새로운 가치

	큐레이션 Curation	맞춤 Customization	경험 Experience
의미	물건이 넘쳐나는 시대, 고객에게 가장 적합한 제품을 골라줌으로써 선택에 따르는 수고와 시간을 줄여준다.	개인의 취향과 라이프스타일에 맞춰 오직 나만을 위한 상품을 만들어 준다.	구독 서비스를 통해 경험을 확장한다. 일정 금액을 지불하면 다양한 제품이나 서비스를 경험하는 것이 가능하다.
예시	나의 취향이나 체형에 맞는 스타일의 옷을 골라 매달 보내주는 서비스, 와인을 좋아하지만 종류가 너무 많아 무엇을 마셔야 할지 모르는 사람에게 전문가가 엄선한 와인을 매주 배송해주는 서비스	나의 헤어 상태를 진단해 최적의 샴푸를 제조하고 배송해주는 서비스, 나에게 부족한 영양소를 찾아 영양제를 만들어 주거나 최적화된 레시피의 식품을 제안하는 서비스	매달 상황에 따라 다양한 모델의 자동차를 이용하는 것이 가능한 자동차 구독 서비스, 매달 다른 곳에서 살아볼 수 있는 주거 구독 서비스

는 고객의 시간과 수고를 줄여준다거나, 경험을 확장하는 등의 새로운 가치를 제공한다. 고객은 이러한 가치에 매력을 느끼고 물건의 '구매'에서 '구독'으로 소비 형태를 전환하고 있다. 이 책에서는 이처럼 구독경제가 제공하는 새로운 가치를 중심으로 이야기를 풀어나가고자 한다.

Part 1에서는 소비 트렌드 및 기업 환경의 변화를 포함해 물건을 사지 않는 시대가 도래한 배경에 대해 살펴본다. Part 2, 3, 4에서는 구독 서비스가 제공하는 새로운 가치인 '큐레이션, 맞춤, 경험'이라는 테마를 중심으로 다양한 구독 비즈니스들을 소개한다. 그리고 마지막 Part 5에서는 구독 비즈니스의 본질과 특징, 서비스 운영 시 유의점 및 고객 경험 설계에 관한 이야기로 마무리한다.

소유보다 경험이 중요한 시대

지금보다 풍요롭지 못하던 과거에는 지니고 있는 물건을 통해 자신을 표현했다. 하지만 이제 사람들은 물건이 아닌 경험을 통해 자신의 정체성을 표출한다. 특히 밀레니얼 세대는 많은 걸 소유한 사람이기보다 다양한 걸 경험한 사람이 되고 싶어 한다. 물건을 통해서 얻는 효용을 누리고 경험을 충족시킬 수 있다면 물건 자체를 소유하는 것에 집착하지 않는다. '소유'보다 '경험'이 중요한 가치가 되면서 물건을 사지 않는 시대가 도래한 것이다.

고객의 안목은 점점 높아지고 취향은 까다로워지고 있다. 다양한 경험을 원하는 이들에게 한정된 자원으로 다양한 물건을 사용할 수 있고 이전에는 겪어보지 못했던 경험을 제공하는 구독경제는 현실적인 대안이 되고 있다.

이 책을 통해 전달하는 메시지는 결국 '경험'이라는 하나의 단어로 귀결될 수 있을 것이다. 고객에게 더 나은 경험을 전달하기 위한 궁리가 새로운 구독 비즈니스를 만들고 있다. 차별화된 경험에 가치를 두는 새로운 사람들. 그들을 만족시키기 위한 비즈니스 모델인 구독경제의 이야기가 독자 여러분들에게 좋은 경험을 선사하기를 바란다.

차례

Part 2 · 선택이 더 쉬워진다

Part 3 · 오직 당신에게 맞추다

Part 1

•

더 이상
소유하지 않는 사람들

Subscription
_____

Economy
_____

사지 않고
사는 사람들

눈뜨는 순간부터 잠들기까지, 구독으로 완성되는 하루

•

"직장인 A씨는 아침에 일어나 면도를 하고, 배달된 건강식을 먹고 출근 준비를 합니다. 오늘은 고객사와 미팅이 있는 날이라 정장을 입을 생각입니다. 와이셔츠뿐만 아니라 넥타이와 양말, 관련 소품까지 꼼꼼하게 신경 씁니다.

차를 타고 근무지로 출근합니다. 오늘은 외부 일정이 많아 회사와 계약을 맺은 공유 오피스에서 일을 합니다. 오전에 고객사를 방문한 후 오피스에 들어가는 길에 점심을 먹습니다. 오후에는 이메일을 체크한 후 커피를 마시며 한숨 돌립니다. 고객사에서 발표한 프레젠테이션이 성공적으로 진행돼 동료와 퇴근길에 축하주를 한잔하고 집으로 돌아옵니다. 오늘 입었던 셔츠는 밖에 내놓습니다."

이는 가상으로 묘사한 한 직장인의 일상이다. A씨가 오늘 사용한 제품과 서비스 중에 직접 구매한 것은 찾아보기 힘들다. A씨는 생활에 필요한 거의 모든 제품과 서비스를 '구독'하고 있다.

면도날은 매달 4개씩 정기적으로 배송받고 있으며(한국의 와이즐리, 미국의 달러 쉐이브 클럽), 지정 업체에서 아침 식사도 저당식, 다이어트식, 영양식 등 매번 다른 메뉴로 배달을 해준다(한국의 그리팅). 양복도 정기적으로 빌려 입는다(일본의 리프). 요즘은 직장에서도 캐주얼화가 진행되고 있어 비싼 금액으로 양복을 살 필요가 없기 때문이다. 가끔 정장을 입을 때 필요한 넥타이(미국의 스프레짜 박스)나 고급 시계(일본의 카리도케)도 물론 구독이 가능하다. 다양한 넥타이와 시계를 착용할 수 있어 구매하는 것보다 오히려 만족도가 높다.

자동차는 최근 대부분의 제조업체가 구독 서비스를 선보이고 있어, 월별로 차종을 바꿔 타기도 한다. 다음 달에는 동기들과 캠핑 일정이 있어 대형 SUV를 이용할 생각이다. 점심도 일정액을 내고 매일 다른 메뉴로 식사를 한다(한국의 위잇딜라이트). 물론 커피도 매달 정액을 지불하고 매일 1잔씩 마시고 있다(한국의 파리바게뜨 커피 구독, 일본의 커피 마피아). 오피스로 나의 취향에 맞는 간식을 보내주는 곳도 있다(일본의 스낵미, 한국의 월간과자).

매달 일정액을 내면 집에 돌아가는 길에 매일 술 1잔을 무료로 마실 수 있다(한국의 데일리샷, 미국의 후치, 일본의 하이드아웃 클럽). 집에서 마시고 싶을 때는 더 많은 선택지가 있다. 전통주, 막걸리, 와인 등을 매달 배달해주는 서비스가 속속 등장하고 있기 때문이다(한국의 술담화와 퍼플독).

마시고 먹고 입는 것뿐만 아니라 세탁 서비스도 구독하는 세상이다(한국의 런드리고). 그날 입은 옷을 밖에 내어놓기만 하면 되는 간편한 서비스는 바쁜 직장인의 시간을 절약해준다.

이렇듯 우리가 생각할 수 있는 대부분의 산업에서 '서브스크립션Subscription(구독)화'가 진행되고 있다. 일상에서 필요한 물건들은 구매하지 않아도 '구독'만으로도 생활이 가능한 세상이 됐다. 아니, 도리어 경제적 제약으로 인해 경험할 수 없었던 더 좋은 서비스를 체험하고, 더 좋은 물건을 사용하는 것이 가능하다. 예를 들어, 구독 서비스를 이용하면 예전에는 경제적 여유가 있는 특정 사람들의 전유물이던 고급 외제차를 심지어 매달 다른 차종으로 골라 탈 수 있게 됐다.

구독경제는 콘텐츠나 소프트웨어를 판매하는 테크 기업을 중심으로 시작됐다. 테크 기업의 경우엔 '서비스형 소프트웨어Software as a Service, SaaS'라는 판매방식이 대세가 된 지 오래다. 전통적인 비즈니스 모델은 소프트웨어나 음악, 영화 등을 구매해 컴퓨터의 서버에 저장해 이용했지만, 이제는 소프트웨어를 빌려 쓰고 사용한 만큼 비용을 지불한다. 마이크로소프트의 오피스 프로그램도 월정액제 구독 모델로 전환했고, 드롭박스에 필요한 공간을 빌려서 자료를 저장한다. 비슷한 맥락으로 우리는 더 이상 영화, 드라마, 음악을 다운로드하지 않고 스포티파이와 넷플릭스를 통해 스트리밍으로 감상한다.

콘텐츠와 소프트웨어는 고객이 늘거나 고객이 제품을 추가 사용해도 변동비가 거의 증가하지 않기 때문에 구독 서비스와 궁합이 좋은 비즈니스 모델이다. 고객 한 명이 늘어나면, 고객이 지불한 구독료의 증가는 그대로 기업의 이익으로 이어진다. 그런 이유로 콘텐츠나 소프트웨어를 중심으로 시작됐던 구독 서비스가 이제 의식주를 아우르는 전 영역으로 확산되고 있다.

스위스 투자은행인 크레디트 스위스Credit Suisse는 2020년 전 세계의 구독경제 시장 규모를 5,300억 달러(약 600조 원)로 추산하고 있다. 경영 컨설팅사인 맥킨지Mckinsey는 미국 소매 업체들의 구독 기반 매출 규모가 2011년 5,700만 달러에서 2018년 29억 달러로 약 50배 성장했으며 미국 온라인 쇼핑 고객의 15%가 1개 이상의 구독 서비스에 가입돼 있다고 밝혔다. 미국의 결제 및 상거래 시스템 전문 매체인 페이먼트닷컴 PYMNTS.com은 2019년 11월 기준, 미국 구독경제 시장 규모를 스트리밍 235억 달러, 소비재 192억 달러로 추산한다.

이렇게 구독경제가 전 세계적으로 빠르게 확산되는 이유는 무엇일까? 바로 우리가 살아가는 사회의 다양한 측면에서 큰 변화가 일고 있기 때문이다. 구독경제를 확산시킨 최근의 변화는 공급자, 기술, 그리고 고객의 3가지 측면으로 나누어 생각해 볼 수 있다.

구독경제를 확산시킨 사회적 배경

•

우리는 인류 역사상 가장 많은 물건에 둘러싸인 시대에 살고 있다. 마트의 진열대를 둘러보면 수많은 상품이 고객의 선택을 받기 위해 경쟁하고 있다. 보통 오프라인 마트가 취급하는 품목은 약 3만 가지 정도다. 공간의 제약이 없는 온라인 쇼핑몰에서는 셀 수 없이 많은 브랜드와 제품들을 만날 수 있다. 온라인 쇼핑몰 쿠팡에서 취급하는 상품의 종류는 2018년을 기준으로 이미 1억 2,000여 가지가 넘었다. 게다가 제품의 품질은 상향 평준화가 이뤄져 제조사나 브랜드를 불문하고 대부분의 제품들이 대동소이한 품질을 제공하고 있다.

이렇게 물건이 넘쳐나는 시대를 살아가는 우리는 많고 많은 선택지 중에서 무엇을 골라야 할지 모르는 경우가 많다. 너무 많은 옵션은 선택을 방해하는 요인이 되기 때문이다. 무엇인가를 선택한다는 것은 에너지와 수고가 드는 일이다. 이제 고객들은 선택을 귀찮아하고, 선택에 들어가는 자신의 수고를 덜고 싶어 한다.

다음으로 정보 기술을 이용해 데이터를 수집하고 분석하는 기술이 발달하면서 고객 개개인의 니즈를 파악하는 것이 가능해졌다. 기존의 마케팅은 고객을 비슷한 니즈를 가진 집단으로 구분해 세그멘테이션Segmentation하고 각 집단의 특성을 이해하려 노력했지만, 지금은 개인의 데이터를 수집하고 분석해서 한 사람 한 사람이 원하는 바를 파악하는 것이 가능하다. 이와 더불어 제조 기술이 향상되고 제조 원가가 낮아지면서 물건을 생산하는 것이 점점 쉬워지고 있다.

개별 니즈를 파악하는 것이 가능해짐과 동시에 제조 원가의 하락은 '개인화된Personalized' 상품 제작을 더욱더 수월하게 만들었다. 맞춤형 옷이나 주문 제작형 구두를 구매하는 것은 예전에는 큰돈이 드는 일이었지만 최근에는 합리적인 가격에 개인에게 딱 맞는 재킷, 속옷, 신발 등을 맞춤 제작하는 업체들이 증가하고 있다.

마지막으로 고객의 가치관이 변화하고 있다. 물건이 넘치는 시대를 사는 고객들은 많은 물건 혹은 비싼 물건을 소유하는 것으로 자신의 정체성을 드러내지 못한다.

특히 밀레니얼 세대에게 이러한 경향이 두드러지게 나타난다. 밀레니얼 세대는 어릴 때부터 물건이 풍부한 환경에서 성장하면서 수준 높은 소비 취향을 지니고 있다. 이들은 물건을 소유하는 것보다 취향이 멋진 사람이 되는 것에 더 큰 가치를 둔다. 소비에 있어서 중요한 포인트는 '자신의 취향을 멋있게 드러낼 수 있는가'다. 그렇기 때문에 물건의 소유 여부에는 크게 상관하지 않는다. 밀레니얼 세대는 자신의 행동과 경험으로 자신을 표현하려는 욕구가 강하며, 가방을 100개 소유하는 것보다 100가지의 다양한 경험을 하는 사람이 되는 것을 선호한다.

이러한 변화들은 기업들에 새로운 비즈니스 모델을 요구하게 됐다. 기존의 대량 생산 체제와 매스 마케팅으로는 새로운 고객을 만족시키지 못하기 때문이다.

모든 것이 서비스화되는 시대의
비즈니스, 구독

제품에서 서비스로, 소유에서 경험으로

•

최근 '모든 것의 서비스화Everything as a service, XaaS'라는 말을 자주 듣게 된다. 이는 제품이 아닌 서비스가 비즈니스의 핵심 가치가 되는 것을 의미한다. 서비스는 제품과 연결되고 융합되면서 제품 차별화의 중요한 요소로 작용하고 있다. 때로는 더 나아가 서비스가 상품의 본질이 되기도 한다. 기존 제조업체들도 제품이 아닌 서비스가 주된 수익원이 되고, 고객들은 제품 그 자체보다는 서비스를 받기 위해 제품을 구매한다.

가까운 예로 정수기나 공기청정기 등의 전자기기 렌털 및 관리 서비스를 생각할 수 있다. 정수기 산업은 더 이상 정수기를 제조하는 회사가 아니라 정수기를 '관리'해주는 서비스 회사라고 보는 편이 정확할 것이다. 최근 자동차 회사들도 자신들을 '자동차 제조업체'가 아닌 '모빌리티 회사'로 정의하며 변신을 시도하고 있다. 자동차를 만드는 것뿐만 아니라 리스, 렌털, 구독 서비스 등을 통해 고객에게 이동수단을 제공하면서 사업의 축을 제조가 아닌 서비스로 옮기고 있다.

이렇게 모든 것이 서비스화되는 이유는 무엇일까?

고객들은 과거에는 제품 자체의 속성을 중시했지만, 오늘날은 '제품을 사용함으로써 얻을 수 있는 효용'을 중시한다. 물건에 대한 인식이 소유에서 이용으로, 소비의 중심 니즈가 경험을 중시하는 방향으로 바뀌고 있는 것이다.

영화를 다운로드해 내 PC에 소장하지 않아도 보고 싶은 영화를 감상하기만 하면 된다. 집 거실에 있는 정수기가 내 것이 아니어도 상관없다. 매일 깨끗한 물을 마시고 싶은 니즈를 충족하기만 하면 된다. 내 이름으로 자동차를 소유하지 않아도 내가 원하는 시간에 원하는 곳으로 나를 데려다주는 이동수단만 있으면 되는 것이다.

이렇듯 지금 우리가 살고 있는 세상은 제조업 중심에서 서비스업 중심으로 전환이 이뤄지고 있다. 모든 것이 서비스화되는 시대에서는 잘 만든 물건만으로는 고객을 만족시키기 어렵다. 물건에 새로운 가치를 더해야만 한다.

여기서 다시 한번 구독 서비스의 정의를 들여다보자. 단순히 '주기적으로 상품이나 서비스를 제공하는 계약'이라는 기존의 정의는 최근 회자되는 구독경제를 설명하기에는 부족한 면이 있다. 최근의 구독 서비스들은 주기적으로 상품이나 서비스를 제공할 뿐만 아니라 고객에게 새로운 가치를 제공함으로써 고객과 장기적인 관계를 맺고 있기 때문이다. 우리는 구독 모델을 운영하는 기업들이 고객과 장기적인 관계를 맺기 위해 어떠한 시도를 하고 있는지에 주목해야 한다.

그렇다면 최근 고객들의 새로운 니즈란 무엇일까. 고객들은 어떤 서비스를 원하고 있으며 구독 비즈니스는 변화된 고객의 니즈에 대응해 어떠한 가치를 제공하기 시작했을까.

누군가가 내 취향에 맞는 것을 알아서 골라준다면

•

대량 생산의 시대에는 선택지가 별로 없었다. 몇몇 제조사와 손에 꼽을 만한 수의 브랜드가 만든 제품 중에서 골라서 사용해야만 했다. 이후 제조 기술의 발달과 함께 제조사가 폭발적으로 증가하면서 오늘날 시장에는 물건이 넘쳐난다. 동시에 제품을 선택하는 고객들의 안목은 높아지고 취향은 점점 까다로워졌다. 게다가 최근에는 트렌드 주기가 짧아지고 유행이 빨리 변하면서 무엇을 선택해야 할지 모르는 경우도 많다.

이러한 상황에서 '누가 내게 딱 맞는 걸 골라주면 좋겠다'고 생각하는 고객들이 많아지고 있다. 까다로워진 취향을 저격해 만족할 만한 제품을 추천해주는 큐레이션 서비스에 고객들은 기꺼이 추가 비용을 지불할 의향이 있다. 자신에게 딱 맞는 제품을 선택하려면 상당한 시간과 에너지가 소요되기 때문이다.

이와 함께 취향과 선호도를 데이터로 분석하는 것이 가능해지면서 취향은 더 이상 애매모호한 영역이 아닌 객관적으로 설명할 수 있는 과학이 됐다. 많은 구독 서비스들은 AI 기술을 활용해 개인의 취향을 분석하고, 이를 바탕으로 제품을 추천하는 큐레이션 서비스를 제공하면서 제품 선택에 따르는 고객의 수고를 줄여주고 있다.

오직 나만을 위한 제품과 서비스에 반응하다

최근 비즈니스 트렌드의 하나는 '초개인화'다. 맥킨지는 "5년 안에 개인화가 마케팅 성공의 가장 중요한 동인이 될 것"이라고 예측했다.

나의 취향에 맞는 제품을 고르는 것에서 한발 더 나아가 자신만의 제품이나 옷, 그리고 화장품을 만들고 싶어 하는 니즈가 높아지고 있다. 1,000명의 고객이 있다면 1,000개의 니즈가 존재한다. 지금은 고객을 한 명 한 명씩 세그멘테이션하는 시

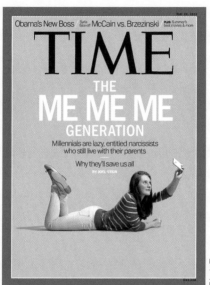

미국의 시사주간지 《타임》은 기존 베이비붐 세대가 비로소 '개인'에게 관심을 가지기 시작한 '더 미The Me 세대'였다면, 오늘날 밀레니얼 세대는 이전 세대에 비해 개인에 더 집중한다는 의미에서 '더 미미미The Me Me Me 세대'라고 규정했다.

대다. 특히 자기 자신을 소중히 여기며 '더 미미미The Me Me Me 세대'라고도 불리는 밀레니얼 세대에게 나만을 위한 특별한 제품은 자기를 드러내는 표현의 한 방식이 된다.

AI 및 제조 기술의 발달로 더 적은 비용으로 개인에게 특화된 맞춤형 제품을 생산할 수 있게 되면서, 고객 한 명 한 명을 위한 제품을 만들어 정기적으로 배송해주는 구독 서비스가 등장하기 시작했다. '당신만을 위한 특별한 상품과 서비스'라는 새로운 가치에 고객들은 반응한다. 나만을 위해 정기적으로 만들어 주는 상품은 지속해서 구독 서비스를 이용하기에 충분한 동기가 되는 것이다.

경험으로 모든 것을 판단하는 세상, 경험으로 나를 증명하다
·

밀레니얼 세대는 영구적으로 무엇인가를 소유하는 것보다는 '사용하는 권리'를 원한다. 또한 물건에 집착하지 않고 더 많은 경험을 추구한다. 비단 밀레니얼 세대만의 이야기는 아니다. 물건으로 자신의 신분과 지위를 과시하던 시대는 끝났다. 물건이 넘쳐나는 시대에 물건이 주는 만족감은 며칠, 몇 주에 그치고 말지만 새로운 사람을 만나고, 새로운 곳을 탐험하는 경험은 그보다 더 오래 지속되며 우리를 더 행복하게 만들어 준다.

한 사람은 그 사람이 경험한 것들의 총체로 규정된다. 동일한 금액이라면 명품 가방 하나를 구매하는 것보다 발리에서 한 달 살아보는 경험을 선택하는 사람들이 많아지고 있다. 인스타그램에 가방 사진을 찍어 올리는 것보다 발리에서의 일상을 올리는 것이 더 멋진 사람으로 비춰진다고 생각한다.

구독경제는 다양한 도시에서 살아보고, 다양한 차를 타보고, 다양한 술을 마셔보는 경험을 가능하게 한다. 자원을 공유함으로써 다른 사람의 집에서 한 달간 살아볼 수도 있고, 필요할 때만 고급 차를 빌려 탈 수도 있다. 차의 소유주가 누구인지, 집의 소유주가 누구인지는 중요하지 않다. 나의 경험을 확장해줄 수 있다면 그것으로 만족한다.

이렇듯 고객의 취향에 맞춰 알아서 제품을 골라주고, 고객 한 사람만을 위한 제품을 제작하며, 다양한 경험을 제공하는 구독 서비스는 이전과는 다른 새로운 가치를 내세우며 고객들의 일상으로 파고들고 있다.

저성장 시대,
기업들의 새로운 성장 동력

구독경제에 앞선 나라들

•

구독경제가 가장 발달한 나라는 미국이다. 2008년 금융위기 이후 미국에서는 임시직과 비정규직이 늘기 시작했는데 이에 따라 한 번에 고액을 지출하기보다는 필요할 때 필요한 만큼 사용하고, 사용한 만큼만 지불하는 소비 패턴이 유행하기 시작했다. 특히 자동차, 대형가전 등 초기 구매 비용이 높은 내구재 耐久材 를 공유해 사용하는 소비 형태가 생겨났다. 선제적인 IT 기술의 발전과 다인종·다문화 국가로서 고객 니즈의 다양성 또한 미국의 구독경제가 성장하는 데 기여했다.

세계에서 구독경제가 두 번째로 큰 시장인 일본은 특히 최근 그 규모가 빠르게 성장하고 있다. 야노경제연구소에 의하면 일본의 구독경제 시장은 2018년 5,627억 엔에서 2023년

8,623억 엔으로 5년 사이에 약 1.5배 성장할 것으로 예상된다.

일본은 오랜 기간 저성장을 겪으며 사회 전반적으로 미니멀리즘이 유행했고, 물질적인 가치보다 정신적인 가치를 중요시하게 됐다. 사람들의 이러한 가치관 변화는 일본에서 구독경제가 빠르게 확산되는 이유 중 하나다.

소유에 집착하지 않는 신인류의 등장

•

일본 기업들, 특히 수출에 의존하는 기업이 아닌 내수 시장에 의존하는 기업들이 직면한 가장 큰 과제는 인구 감소로 인한 시장의 정체다. 더 이상 인구 증가로 인한 매출 증대를 기대하기 힘들기 때문에, 이러한 상황을 타개하기 위한 해결책이자 새로운 성장 동력으로써 구독경제에 관심을 두고 있다.

인구가 증가하던 과거에는 재화의 소유권을 판매함으로써 성장이 가능했지만 인구가 증가하지 않으면서 자연스럽게 구매가 줄어들게 됐다. 따라서 오늘날 인구가 감소하는 상황에 직면한 기업들이 성장하기 위해서는 제품의 판매 기준을 소유에서 이용으로 바꿀 필요가 있다. 기업들의 매출 기준 역시 상품의 이용이 돼야 한다. 최근 무인양품MUJI은 자사의 가구를 정액제로 일정 기간 빌려주는 서비스를 제공하기 시작했다. 이는 더이상 팔리는 제품의 수가 증가하지 않을 것이 명확하다면 차라리 정액제로 빌려주고 매출을 늘리려는 전략이다.

　인구 감소로 인해 신규 고객을 유치하는 것 자체가 어려울 뿐만 아니라, 신규 고객을 유치한다 해도 고객 확보를 위해 드는 비용은 기존 고객을 유지하는 비용보다 크다. 이러한 상황에서 신규 고객 창출이 아닌 기존 고객과 장기적인 관계를 맺는 것이 기업 성장, 아니 기업 존속의 열쇠가 됐다. 고객 한 명한 명과의 관계를 돈독히 하고 고객 한 명에게 얻는 이득을 최대화하는 것이 중요해진 것이다. 게다가 기존 고객은 물질에 집착하지 않는 신인류다. 그렇다면 '경험'이나 '서비스'를 제공함으로써 물질을 통해서는 느낄 수 없는 만족감을 제공해야 한다. 앞으로 인구 감소 및 시장 정체가 예견된 한국의 경우에도 구독경제는 기업들이 눈여겨봐야 할 비즈니스 모델임이 분명하다.

　– 수많은 선택지 중에서 전문가가 알아서 좋은 걸 골라주면 좋겠어.

　– 다수에게 최적화된 것이 아닌 나만을 위한 제품과 서비스를 원해.

　– 경험으로 모든 것을 판단하는 세상, 경험으로 나를 증명하고 싶어.

　이렇듯 변화된 고객의 니즈를 충족시켜주는 서비스를 통해 새로운 가치를 창출하는 구독 모델을 소개한다.

•

Part 2

선택이
더 쉬워진다

Subscription

Economy

옷, 액세서리 등과 같은 패션 아이템, 커피, 술과 같은 기호 식품. 이들의 공통점은 무엇일까? 개인마다 취향이 제각각이고 시장에는 고객의 취향만큼이나 다양한 수백 가지에서 수천 가지의 상품이 존재한다는 것이다.

소비 수준이 높아지고 취향이 까다로워진 고객들은 자신의 마음에 드는 상품을 찾기 위해서 에너지를 쏟는다. 선택지가 너무 많아 때로는 피로함을 느낀다. 그렇기 때문에 바쁜 현대인은 자신의 취향에 딱 맞는 제품을 추천해줌으로써 선택에 따르는 시간과 에너지를 줄여주는 서비스에 비용을 지불할 만큼 충분한 가치가 있다고 느낀다.

최근 구독 모델의 큰 흐름 중 하나는 고객의 취향을 파악해 제품을 추천해주는 **큐레이션**이라는 가치를 전면에 내세운다는 점이다. 제품을 정기적으로 배달해주는 것이 아닌 '전문가의 안목으로 골라주는 추천'이라는 서비스가 사업의 핵심 가치다.

고객 한 사람 한 사람에게 적합한 제품을 추천할 수 있게 된 것은 기업이 수집할 수 있는 고객 데이터의 양이 폭발적으로 늘어남과 동시에 수집한 데이터를 분석하는 도구가 발달했기 때문이다. 취향이라는 애매모호할 수 있는 영역에 데이터를 입히고 과학으로 재탄생시킴으로써 개개인의 취향을 파악하는 것이 가능하게 됐고, 이를 기반으로 가장 적합한 제품을 추천할 수 있다.

고객의 다양한 취향이 중요하게 작용하는 패션, 커피, 와인 산업 등은 '물건 판매'가 아닌 '추천 서비스'가 핵심 가치로 떠오르며 업계의 비즈니스 모델이 재정의되고 있다.

스타일리스트가
당신을 위해 골라준 옷

패션을 스트리밍하다

•

미국의 렌트더런웨이Rent The Runway는 의류 렌트 및 구독 서비스의 선구자라고 할 수 있다. 매달 일정 구독료를 내고 다양한 영상을 스트리밍으로 이용하는 넷플릭스처럼 구독료를 지불하고 매달 새로운 옷을 받아보는 비즈니스 모델로 인해 '의류계의 넷플릭스'라는 별명이 붙었다.

2000년대 후반 렌트더런웨이를 포함한 의류 렌트 및 구독 서비스가 등장했을 때, 이러한 서비스를 반신반의하는 사람들도 많았다. 누가 다른 사람이 입던 옷을 입겠느냐는 이유였다.

하지만 렌트더런웨이는 이 같은 우려를 잠재우며 보기 좋게 대성공을 거뒀다. 2009년 창업 후 급속히 성장해 7년 만에 매출 1억 달러(약 1,200억 원), 회원 수 600만 명을 기록했으며, 구독경제를 패션까지 확장한 혁신적인 비즈니스 모델로 평가받고 있다.

렌트더런웨이는 칵테일 드레스(여성들이 칵테일 파티와 같은 사교모임이나 격식적인 자리에서 입는 드레스)를 입어야 하는 자리가 많은 미국에서 비싼 드레스를 자주 구매하기에는 경제적으로 부담이 되는 여성들의 고민을 해결해줬다. SNS로 활발히 소통하는 시대에 매번 같은 드레스를 입고 싶어 하지 않는 고객들의 니즈를 간파한 것이다. 또한 2000년대 후반부터 미국에서 에어비앤비 및 우버와 같은 공유경제가 확산되면서 물건을 빌리거나 공유하는 것에 대해 심리적 거부감이 줄어든 점도 하나의 성공 요인으로 작용했다.

미니멀리즘 또한 패션 구독 서비스 확대에 영향을 미쳤다. 상대적으로 높은 가격을 지불하면서도 이용 빈도가 적은 것이 패션 아이템이다. 패션 브랜드 막스앤스펜서M&S가 영국인을 대상으로 실시한 조사에 따르면 소유한 의류 중 44%만 실제로 착용하고 있으며, 1인당 평균 57벌의 옷이 옷장에서 잠자고 있다고 한다. 특히 많은 사람들은 매년 새로운 시즌이 오면 옷을 구매해 몇 번 입고 버리는 소비 패턴을 반복한다.

밀레니얼 세대 중에는 환경 이슈에 관심이 많고, 물건을 쉽게 쓰고 버리는 것에 거부감을 느끼는 사람이 많다. 그렇기 때문에 SPA Specialty store retailer of Private label Apparel로 대표되는 패스트 패션과 같이 환경에 악영향을 미치는 브랜드를 회피하고 일부러 중고 의류를 구매하거나 빌려 입는 고객들도 있다. 이들은 에코백을 사용하고, 구제 의류를 활용하거나 옷을 빌려 입는 행동들이 최신상의 옷을 입는 것보다 더 의미와 가치가 있다고 생각한다.

의류 구독 서비스는 미국을 넘어 다른 국가에서도 인기를 끌고 있다. 의식주를 망라한 전 산업에서 구독경제가 확산되고 있는 일본에서도 산업 환경의 변화, 고객의 가치관 변화를 반영하며 패션 산업의 구독 모델이 특히 빠르게 성장하고 있다.

일본의 패션 산업은 성장이 정체된 지 오래됐다. 2013년 이후 의류 소매 시장 규모는 9조 2,000억~9조 3,000억 엔 사이에 머물고 있으며, 이 중 여성 의류 시장은 2013년 5조 8,290억 엔에서 2019년 5조 7,138억 엔으로 심지어 감소했다. 옷을 사기 위해 매장에 방문하는 횟수 또한 줄었다. 이제 더 이상 유행하는 스타일의 옷을 대량으로 만들어서 판매하는 비즈니스 모델은 시장에서 통하지 않게 됐다. 특히 인구 감소에 직면한 일본에서는 새로운 고객을 창출하는 것이 무척 어렵게 됐다. 이러한 상황에서 패션업계는 새로운 비즈니스 모델을 모색하기 시작하고 그 방법의 하나로 구독 모델에 눈을 돌리기 시작한 것이다.

프로 스타일리스트가 추천하는 나만의 옷장

•

에어클로젯airCloset은 2015년 2월 서비스를 시작한 일본의 의류 구독 서비스로 고객은 300개 이상 브랜드의 옷 30만 벌 중에서 프로 스타일리스트가 선택한 옷 3벌을 매달 받아볼 수 있다. 라이트 플랜은 월 6,800엔(약 7만 2,000원)으로 옷 3벌을 1회 받아볼 수 있으며 레귤러 플랜은 월 9,800엔(약 10만 3,000원)에 옷 3벌을 원할 때마다 무제한으로 교환해서 받아볼 수 있다. 받아본 옷이 마음에 안 들면 새로운 옷으로 교환을 요청할 수 있고, 입은 옷은 세탁할 필요 없이 그대로 반납하면 된다. 창업 이후 4년간 적자를 기록하다 2019년 6월에 매출 15억 엔을 달성하며 첫 흑자를 기록했다. 처음으로 흑자를 달성할 당시의 회원 수는 30만 명을 돌파했다.

에어클로젯은 회사에서 입을 옷을 어떻게 코디하면 좋을지 잘 모르겠다는 직장 여성들, 그리고 옷을 쇼핑할 여유가 없을 정도로 바쁜 30~40대의 워킹맘들이 주요 고객이다. 이용 고객의 80%는 20대 후반부터 40대까지이며 고객의 93%는 직장 여성, 그중에서도 워킹맘이 약 60%를 차지하고 있다.

맞벌이 부부나 워킹맘 중에서는 비용보다 시간을 중시하는 사람들이 많다. 그들에게는 수많은 옷 중에서 자신에게 맞는 것을 선택하는 일이 곧 스트레스이자 더 큰 비용이다. "코디네

에어클로젯은 고객이 자신에게 어울리는 패션 스타일을 찾아볼 수 있는 기회를 제공한다. 프로 스타일리스트가 고객 개인의 취향과 라이프스타일에 맞춰 30만 벌의 옷 중에서 알맞은 스타일을 추천해준다.

이트하는 시간을 줄이고 싶다", "시간은 없지만 멋을 내고 싶다"라는 고객의 니즈에 에어클로젯이 해결책이 되면서 회원 수는 꾸준히 늘고 있다.

에어클로젯이 배송하는 의류는 직장인 여성들에게 인기 있는 세련된 디자인에 좋은 소재를 사용해 고품질을 자랑하는 브랜드들이다. 평균적으로 상의는 9,000~1만 엔(약 9만 5,000~10만 5,000원) 정도, 하의는 1만 1,000~1만 3,000엔(약 11만 6,000~13만 7,000원) 정도 가격대의 의류가 대부분이다. 만약 레귤러 플랜을 선택한 고객이 한 달에 3번, 3벌의 옷을 받는다면 대략 9만 엔 상당의 옷을 이용할 수 있는 것이다.

에어클로젯의 자체 조사에 의하면 고객 만족도는 91.8%에 육박하는데, 창업자인 아마누마 사토시天沼聰 대표는 "고객들은 자신이 직접 시간을 들이지 않아도 전문가가 나에게 잘 어

울리는 옷을 골라주고 이를 집에서 받아볼 수 있다는 점에 매우 만족하고 있다"라며 높은 만족도의 이유를 설명한다.

애매모호한 건 NO, 데이터로 관리하는 취향

●

의류 구독 서비스가 제공하는 핵심 가치는 '고객의 취향에 맞는 의류를 추천해주는 큐레이션 기능'이다. 의류는 종류가 매우 많고 어디서든 쉽게 구매할 수 있는 품목이다. 따라서 의류라는 아이템을 정기적인 구독의 형태로 받아볼 수 있도록 하기 위해서는 고객의 취향을 정확히 판단하고 그에 맞는 스타일을 제안해줄 수 있어야 한다. 따라서 구독 서비스들은 애매모호할 수 있는 취향이라는 영역을 과학적으로 접근하고 있다.

미국의 스티치픽스Stitch Fix는 패션 기업이라기보다는 데이터 분석 전문 기업이라고 해도 과언이 아닐 정도로 패션 구독 서비스를 제공함에 있어 데이터를 잘 활용하고 있다.

2011년에 시작한 스티치픽스는 2019년 기준 약 320만 명의 고객이 이용하는 규모의 서비스로 성장했다. 2019년 매출은 약 16억 달러를 기록했으며, 고객 1인당 매출은 488달러에 달한다. 즉 고객 한 명이 매년 50만 원이 넘는 금액을 스티치픽스에서 소비하는 것이다.

스티치픽스는 고객의 체형과 취향 정보에 맞춰 옷, 신발, 액세서리 다섯 품목을 집으로 보내준다. 1,000여 개의 제휴 브랜드에서 제품을 공급받고 있으며 이 중에서 고객 개개인에 적합한 아이템을 큐레이션해 보낸다. 고객은 받은 아이템 중 마음에 드는 제품만 구매하고 나머지는 반송하면 된다. 스타일링 서비스 요금은 20달러(약 2만 2,000원)이지만 받은 옷 중 구매하는 아이템이 있을 경우 해당 요금은 반환된다.

스티치픽스에는 데이터 전문가 120명이 근무하며, 알고리즘 관련 최고 책임자는 한때 넷플릭스에서 추천 알고리즘을 담당하던 엔지니어다. 즉 스티치픽스는 사용자의 시청 기록을 분석해 다른 영화나 드라마를 추천하는 넷플릭스의 알고리즘을 의류라는 아이템에 적용해 고객에게 옷을 추천해주는 구독 서비스인 것이다.

스티치픽스는 '스타일 퀴즈'라고 불리는 질문들을 통해 고객의 취향을 파악한다. 패션에 관한 관심도, 유행에 얼마나 민감한지 등 쇼핑에 관한 성향, 그리고 스티치픽스를 이용하는 주된 이유가 새로운 아이템을 발견하고 싶은 것인지 혹은 스타일링에 드는 시간을 절약하고 싶은 것인지 등을 묻는다. 기본적인 쇼핑 성향과 이용 목적을 확인한 후 10가지 정도의 의류 코디를 보여주면서 제시된 스타일링이 마음에 드는지를 확인한다. 뿐만 아니라 피하고 싶은 무늬와 색상, 받고 싶지 않은 아이템, 신체적 특징 등 매우 세세한 질문을 통해 고객의 체형과 취향을 파악한다. 이렇게 약 80개가 넘는 구체적인 질문을 통해 스티치픽스는 고객 한 사람 한 사람의 취향을 파악하고 데이터로 저장한다.

에어클로젯 고객 또한 회원 가입 시 자신의 신체 사이즈, 체형 중에서 신경 쓰이는 부분 등의 정보를 입력한 후 스티치픽스의 스타일 퀴즈와 비슷한 '퍼스널 스타일링 진단'을 받는다. 화면에 제시된 20개가 넘는 스타일링 중에서 마음에 드는 스타일을 선택하게 된다. 에어클로젯도 스티치픽스처럼 고객 취향 데이터를 전문적으로 분석하는 팀을 운영하고 있으며 이들은 약 2,000만 회가 넘는 스타일링 서비스를 통해 축적된 정보를 활용해 고객의 취향을 정교하게 업데이트한다.

스티치픽스는 스타일 퀴즈에 그치지 않고 고객의 취향을 정

"기존 패션 사업에 데이터 과학을 접목한 것이 아니라, 데이터 과학 중심으로 패션 사업을 재정의했다. 데이터 과학은 우리 문화 그 자체"라는 카트리나 레이크Katrina Lake 대표의 말처럼 스티치픽스는 고객 한 사람 한 사람의 취향을 분석하는 데 주력한다. 이를 데이터로 관리하고 고객 데이터를 지속해서 업데이트함으로써 패션 산업을 재정의하고 패션을 과학의 영역으로 끌어들였다.

확히 파악하기 위해 '스타일 셔플'이라는 게임을 활용하고 있다. 분기에 한 번, 혹은 월에 한 번만 데이터를 수집하는 것으로는 고객의 취향을 정확히 파악하기 어렵다. 스티치픽스는 조금이라도 더 많은 고객 데이터를 확보하기 위해서 스타일 셔플이라는 게임을 만든 것이다.

스타일 셔플은 미국의 유명한 데이팅 앱인 틴더Tinder와 사용 방법이 매우 비슷하다. 틴더는 상대의 사진을 보고 마음에 들면 오른쪽, 마음에 안 들면 왼쪽으로 스와이프하는 방식으로 매칭을 성사시킨다.

이와 비슷하게 스타일 셔플은 고객에게 특정 패션 아이템을 보여주고 고객은 해당 아이템이 마음에 드는지 아닌지를 표시한다. 다수의 아이템을 동시에 보여주면서 이 중에서 '어떤 스타일이 당신의 스타일인지 선택'하도록 하는 것과 '특정 스타일이 좋은지 싫은지만 체크'하면 되는 이 2가지 방법에는 상당히 큰 차이가 있다. 전자의 경우 고객에게 선택에 대한 스트레스가 동반될 가능성이 크다. 하지만 OX의 형태로 대답을 하면 고객이 느끼는 스트레스의 정도가 현저히 줄어든다. 도리어 게임에 빠진 듯이 시간 가는 줄 모르고 열중하는 사람도 있다. 스타일 셔플은 2018년 3월에 론칭됐고 당시 스티치픽스의 고객 300만 명 중 약 75%가 게임에 참가했다.

스티치픽스는 일부러 고객의 취향이 아니라고 여겨지는 디자인도 보여줌으로써 고객이 자신의 취향이 아니라는 점을 명확히 표현하도록 한다. 고객이 좋아하는 옷을 보내는 것도 중요하지만 고객이 싫어하는 옷을 보내지 않는 것 또한 서비스의 만족도를 높이는 데 중요하기 때문이다.

스티치픽스의 최고기술경영자 캐시 폴린스키Cathy Polinsky는 글로벌 비즈니스 미디어인 《쿼츠Quartz》와의 인터뷰 중에서 "우리는 고객이 좋아하는 아이템을 통해 고객의 취향을 파악한다. 하지만 고객이 싫어하는 아이템을 통해서도 고객에 관해 배운다"라고 말했다.

데이터에 인간의 감성을 입히는 휴먼터치

•

스티치픽스와 에어클로젯 모두 데이터를 활용함과 동시에 스타일리스트와 고객의 커뮤니케이션을 통해 서비스에 인간의 감성을 입히고 있다.

스티치픽스의 고객들은 스타일리스트에게 "파티에서 입을 옷을 추천해달라"거나 "데이트에 입을 옷을 추천해달라"는 메시지를 전달할 수 있다. 스타일리스트 또한 스타일링에 대한 팁을 담은 메모를 직접 작성해 옷과 함께 전달한다. 이러한 고객과 스타일리스트의 커뮤니케이션은 고객이 스티치픽스를 친근하게 느끼고 감성적으로 연결되도록 돕는 기능을 한다.

에어클로젯 또한 퍼스널 스타일링 진단을 통해 수집된 고객 데이터와 고객의 피드백 및 최신 트렌드 등을 기반으로 AI가 옷을 추천하지만 최종 단계에서는 스타일리스트가 고객에게 어떤 아이템을 보낼지 선정한다. 물론 고객은 특별한 이벤트가 있을 때 이벤트에 맞는 옷을 골라달라고 요청할 수도 있으며, 스타일리스트 역시 옷을 보낼 때 고객이 가지고 있는 옷 중 어떤 옷과 잘 어울리는지, 소품은 어떻게 코디하면 되는지 등의 스타일링 팁을 포함해서 보내준다.

옷을 보내주는 것만으로 에어클로젯의 역할이 끝나는 것은 아니다. 고객이 옷을 반납할 때 착용감은 어땠는지, 색상은 마

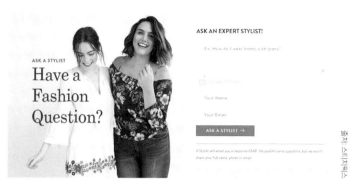

스티치픽스의 고객은 프로 스타일리스트와 패션 관련 대화를 쉽게 주고받을 수 있다.

음에 들었는지, 기장은 적당했는지 등에 관한 피드백을 요청하고 매우 꼼꼼한 리뷰를 받는다. 예를 들어, 고객이 "소매가 좀 짧은 것 같다"라는 피드백을 줬다면 스타일리스트는 다음 달 옷을 보낼 때 소매 기장을 한 번 더 체크해서 보낸다. 혹은 고객이 "스커트의 허리가 밴드면 더 좋을 것 같다. 조금 끼는 것 같았다"라는 의견을 준다면 스타일리스트는 허리 부분을 편하게 만든 스커트를 보낸다. 이렇게 고객의 피드백이 쌓이면 쌓일수록 에어클로젯은 고객 개개인의 취향에 맞는 스타일을 제안할 가능성을 높일 수 있고, 당연히 고객의 만족도도 올라가게 된다. 고객은 자신의 피드백이 반영된 옷들을 받으면서 에어클로젯이라는 브랜드에 대한 신뢰가 높아진다.

또한 에어클로젯은 고객과 소통하기 위해 끊임없이 서비스를 개선하고 있다. 2019년 8월부터는 고객이 특정 스타일리스트를 지명하는 것도 가능해 마치 나만의 전속 코디네이터를 가지는 것과 같은 만족감을 느낄 수 있다. 또한 최근에는 '내 옷장' 기능을 추가해 자신이 이미 가지고 있는 옷, 자주 입는 옷의 사진을 찍어 올리면 스타일리스트는 중복되는 스타일을 피하거나 소유하고 있는 옷과 코디하기 쉬운 제품을 골라서 추천해준다.

스티치픽스와 에어클로젯이 이렇게 고객과의 커뮤니케이션을 통한 감성적 연결을 중요시하는 것은 고객이 브랜드와 감성적으로 연결돼 있을 때 유대 관계가 강화되기 때문이다. 특히 온라인으로 모든 커뮤니케이션이 이뤄지는 구독 서비스의 경우, 고객은 서비스를 이용하면서 로봇을 상대하는 듯한 차가운 느낌을 받을 수 있다. 그렇기 때문에 모든 프로세스가 언택트 Untact로 진행되는 서비스일수록 오히려 고객이 따뜻한 감성을 느낄 수 있도록 휴먼터치 Human Touch를 추가해 고객과 공감대를 형성할 필요가 있다. 나만을 위한 전속 코디네이터가 스타일링 고민을 해결해준다는 느낌이 들 때 스티치픽스와 에어클로젯이라는 브랜드에 대한 애착이 커지는 것이다.

패션 제안을 넘어 패션 데이터 판매까지

•

고객의 취향에 맞는 옷을 큐레이션해주는 구독 서비스들은 사업 영역을 점점 확대함으로써 패션과 관련된 다양한 고민을 해결해주는 패션 플랫폼으로 진화하고 있다.

스티치픽스는 데이터를 활용해 옷을 유통하는 것을 넘어 직접 옷을 만드는 영역까지 비즈니스를 확장하고 있다. 대부분의 브랜드에서 흔하게 볼 수 있는 디자인의 옷만으로는 자신의 취향이 충족되지 않는 고객들이 있다. 스티치픽스는 이러한 고객의 니치한 취향을 파악하고 옷을 직접 제작해 제공한다. 고객의 피드백을 반영해 인기 많은 옷의 색상, 패턴, 기장, 소재 등을 재조합하는 형태로 스티치픽스의 재고 품목에는 없는 제품을 만들고 있다. 데이터를 활용해 옷을 큐레이션해주는 것을 넘어 고객이 원하는 옷까지 제작해 제공함으로써 패션과 관련된 모든 고민을 해결해주고 있는 것이다.

한편 에어클로젯은 사회 트렌드의 변화에 따라 고객에게 필요한 서비스를 빠르게 출시하고 있다. 대표적인 예가 코로나19로 인해 급격히 확산된 재택근무다. 재택근무가 장기화되면서 여성들의 고민이 늘어났다. 회사에서 입고 다니던 옷을 그대로 집에서 입자니 불편하기도 하고 화상회의에는 어울리지 않는 느낌이었다. 그렇다고 집에서 입는 옷을 입으면 너무 캐주얼하게 보이는 문제가 있었다. 언제까지 재택근무가 이어질지 모르는 상황에서 무작정 새로운 옷을 구매하기에는 돈이 아깝게 느껴지기도 했다.

에어클로젯은 새롭게 등장한 고객의 니즈를 간파하고 재택근무 중인 여성들을 주 대상으로 재킷이나 블라우스 등 상의 3벌만 배달해주는 서비스인 '상의 3장 코디'를 시작했다. 또한 온라인 화상으로 스타일리스트와 대화하며 자택에서 스타일링을 받는 서비스도 진행했는데, 두 서비스 모두 출시되자마자 큰 인기를 끌었다.

스타일링 서비스는 할리우드 배우들이나 부유층 고객의 전유물이 아니다. 이제 여성들은 여러 브랜드를 돌아보는 수고를 하지 않고도 집에서 편안하게 전문가가 골라준, 내 취향을 저격한 옷을 받아볼 수 있다. 패션 구독 서비스를 이용하면 누구나 자신에게 맞는 스타일을 발견할 수 있고, 시즌마다 매번 옷을 사지 않아도 패셔니스타가 될 수 있다.

최근 구독 서비스 업체들은 패션을 제안하는 것에서 한발 더 나아가 패션 관련 데이터를 판매하기 시작했다. 에어클로젯은 축적된 고객 데이터를 활용한 새로운 사업을 검토 중이다. 과거부터 지금까지 약 5년간 수집한 2,000만 건 이상의 취향 관련 고객 데이터를 분석해 의류업계에 제공하는 비즈니스를 준비하고 있다. 의류업체는 에어클로젯으로부터 받은 데이터를 상품 기획에 활용할 것이다. 패션 기업에게 고객의 생생한 의견은 상품 기획 및 품질 개선에 있어 매우 중요한 자료다. 구독 서비스는 고객과 일회성이 아닌 장기적인 관계를 맺기 때문에 고객 데이터를 대량 확보할 수 있고 이러한 데이터는 고객을 이해하고자 하는 기업에 귀중한 자산이 된다.

구독 서비스는 패션 기업의 핵심 가치와 사업방식을 바꾸고 있다. 디자인과 질이 좋은 옷, 평균적인 여성들이 좋아할 옷을 대량 생산해 가능한 한 많이 판매하면 성장하는 시대는 끝이 났다. 제작자의 입장에서 '예쁜 옷을 저렴하게 만들어 제공하는 방안은 무엇일까'를 고민하는 것이 아니라, '어떻게 하면 고객들이 원하는 패션을 제공할 수 있을까'를 고민해야 한다. "에어클로젯이 제공하는 진정한 가치는 패션을 통해 새로운 자신을 만날 수 있도록 돕는 것"이라는 아마누마 에어클로젯 대표의 말처럼 취향을 분석해 제안하는 힘을 가지고 고객이 원하는 패션을 꾸준히 제공하는 기업이 패션업계를 이끌어갈 것이다.

소품 구독으로
패션을 완성하다

꿈의 옷장, 라쿠사스에 오신 것을 환영합니다

•

언젠가부터 명품이 명품이 아닌 시대가 됐다. 예전에는 부자들만 살 수 있다고 여겨지던 브랜드의 가방을 든 사람들이 흔하게 보이고, 평범한 직장인도 월급을 모아 명품 가방을 구매한다. 하지만 비싼 돈을 주고 산 가방의 디자인이 질리거나 아니면 몇 년 사이에 유행이 바뀌어 이제는 촌스러워 보이는 경우도 흔하다. 그런 이유로 다양한 브랜드의 명품 가방을 들고 다니고 싶은 여성들의 니즈를 파악하고, 원하는 가방을 언제든지 원하는 기간만큼 빌려 사용할 수 있도록 한 서비스가 일본에서 크게 인기를 끌고 있다.

라쿠사스Laxus는 월 6,800엔(약 7만 2,000원)에 원하는 명품 가방을 기간 제한 없이 빌릴 수 있는 구독 서비스다. 2015년

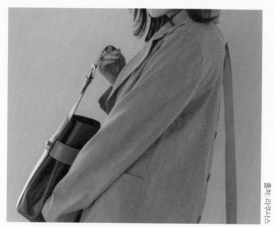

라쿠사스의 창업자 고다마는 "가방의 목적은 사는 것이 아니라, 사용하는 것이다. 그 목적을 달성하기 위한 수단은 많으면 많을수록 좋다"라고 말했다.

2월 서비스를 시작한 라쿠사스는 2021년 4월을 기준으로 약 50개 브랜드의 가방 4만 개 이상을 보유하고 있다. 2019년 7월 결산 기준, 약 14억 엔의 매출을 달성했으며 유료 회원 수가 2만 명을 넘어섰다.

라쿠사스의 고객은 20~50대 여성이 주를 이루고 있다. 서비스를 시작한 2015년부터 라쿠사스를 이용하기 시작한 고객의 절반 정도는 아직도 서비스를 구독 중이다. 서비스 지속률 95%라는 수치를 자랑할 정도로 인기가 높은 이유는 단지 명품 가방을 기간 제한 없이 빌려주기 때문만은 아니다. 라쿠사스는 고객이 지속해서 서비스를 이용하도록 유도하기 위해 고객의 취향에 맞는 가방을 꾸준히 추천하며 패션을 제안하고 있다.

말보다는 행동에서, 여성들의 숨겨진 니즈를 읽다

•

명품 가방 구독 서비스는 어떻게 탄생하게 된 것일까?

창업자인 고다마 쇼우지児玉昇司는 2006년 뉴욕을 여행할 당시 미국에서는 인터넷 게시판을 통해 양복과 넥타이 등을 대여하는 사람이 많다는 사실을 알게 됐다. 이를 통해 그는 막연히 앞으로 패션 관련 제품을 빌려주는 서비스에 비즈니스 기회가 있으리라 생각했다.

고다마는 라쿠사스를 창업하기 전에 온라인 쇼핑몰을 운영했는데, 고객들이 상품을 사기 전에 다수의 쇼핑몰을 왔다 갔다 하면서 다양한 제품과 가격을 비교하는 것을 발견했다. 오프라인뿐만 아니라 온라인에서도 제품을 비교하기 위해 들이는 시간과 노력은 고객에게 스트레스가 될 것이라고 짐작했다.

이러한 2가지 생각이 합쳐져 패션 아이템을 빌려줌과 동시에 고객이 온라인 쇼핑몰을 일일이 돌아다니며 비교하지 않도록 고객의 결정을 도와주는 서비스를 구상하기 시작했다. 이후 '고객이 원하는 패션 상품을 큐레이션해 빌려주는 구독 모델'에 착안했고, 의류, 시계 등 다양한 제품군을 검토한 후에 결국 명품 가방에 도달하게 됐다.

고다마가 명품 가방을 구독 사업의 아이템으로 선정하게 된 일화가 있다. 라쿠사스를 시작하기 전에 운영하던 사업체의 여성 직원들을 불러 모은 후, 비싼 명품부터 중저가의 브랜드 가방을 늘어놓고 "이 가방들을 빌릴 수 있다면 어떤 브랜드를 빌리겠느냐"라고 질문했다.

직원 모두가 의외로 "몇백만 원짜리 고급 백은 촌스러워. 난 몇십만 원짜리 케이트 스페이드를 사서 드는 것이 더 멋있는 것 같아"라고 대답했다.

고다마는 명품 가방의 구독 서비스에 대한 수요가 별로 없겠다는 생각이 들었고 이에 실망하며 "자, 여기 있는 가방을 전

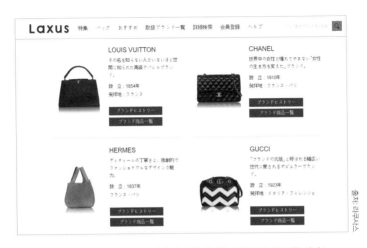

약 4만 개의 명품백을 합리적인 가격에 빌려 쓸 수 있는 라쿠사스의 구독 서비스.

부 공짜로 빌려줄 테니 들고 가도 된다"라고 말했다. 그러자 직원들은 "그럼 난 루이비통이 좋아", "난 셀린느가 좋아"라며 모두가 고가의 가방을 고르기 시작했다. 방금 전까지는 촌스럽다고 했던 사람들의 말과 행동이 달랐던 것이다.

　여기서 볼 수 있듯이, 고객을 이해하려면 고객의 말보다 행동을 관찰하는 것이 유용하다. 실제로 마케팅에서도 직접 질문을 던지는 것이 아니라 고객들의 행동 패턴을 관찰함으로써 자료를 수집하기도 한다. 다른 직원들 앞에서 '명품 가방을 좋아하는 사람'이라는 이미지로 비춰지고 싶지 않았던 것일까? 주위 시선을 많이 의식하는 일본 사람들의 특징이었을까? 자기라면 고가의 가방은 빌리지 않을 것 같다고 말했지만, 무료로 빌려주겠다고 하니 모두 중저가 가방이 아닌 명품 가방을 집어든 것이다.

그 순간 고다마는 명품 가방을 들고 싶어하는 여성들의 니즈를 확인했고, 명품 가방을 합리적인 가격으로 사용할 수 있는 서비스를 제공한다면 성공할 것이란 확신이 들었다.

반납 기한이 정해져 있지 않다

•

라쿠사스의 고객은 다양한 연령대만큼 라쿠사스를 이용하는 이유도 다양하다. 회사 출근 시 사용할 심플한 디자인의 고급 가방이 필요해 서비스를 이용하는 사람도 있고, 조금 화려하거나 유행하는 디자인의 가방을 데이트할 때 들기 위해 빌리는 사람도 있다. 또한 마음에 드는 가방이 있는데 자기에게 잘 어울릴지, 실제로 많이 사용할 수 있을지 알고 싶어서 사기 전에 미리 빌려서 사용해보는 사람도 있다.

물론 이러한 이유라면 명품 가방을 일정 기간 렌털해주는 서비스를 이용할 수도 있을 것이다. 하지만 라쿠사스는 일반적인 명품 렌털 서비스와 3가지 면에서 차별화가 된다. 이는 라쿠사스의 인기가 높은 이유이기도 하다.

첫 번째로 가방의 반납 기한이 정해져 있지 않다. 빌린 가방이 마음에 들어 계속 동일한 가방을 이용하고 싶은 경우 구독료를 지불하는 한 지속해서 이용하는 것이 가능하다. 렌털 서비스를 이용해본 사람이라면 반납 기한을 넘겨 연체료를 지불하는 것에 대해 스트레스를 받아본 적이 있을 것이다. 반납 기한을 생각하지 않고 원하는 만큼 사용할 수 있다는 점은 고객에게 큰 매력 포인트가 된다.

두 번째는 누구나 부담 없이 시작할 수 있는 수준의 금액대로 구성된 매우 단순한 요금 체계다. 렌털 서비스는 보통 제품의 종류나 빌리는 기간에 따라 가격이 달라진다. 옷이나 소품과 같은 패션 구독 서비스는 빌려주는 아이템의 수에 따라 2~3가지의 가격 체계를 제공하는 경우가 많다.

하지만 고다마는 "최적의 답 하나를 제공하는 것이 사업자의 일이고, 그것을 사용자에게 떠넘기면 안 된다. 고객이 무엇인가를 결정하는 스트레스를 줄여줘야 한다"라는 신념을 가지고 있었다. 이에 따라 가방의 종류, 사용 기간에 상관없이 모든 고객이 동일한 요금을 지불하도록 만들었다. 또한 많은 고객들이 매달 이용하기에 부담 없는 요금을 설정해야 한다고 생각했다. 그래서 고객들이 매달 내는 스마트폰 통신비 정도라면 부담 없이 이용할 수 있으리라 판단했고, 6,800엔이라는 가격을 설정했다.

그러나 명품 가방 자체가 워낙 고가이기 때문에 6,800엔이라는 이용 요금만으로는 수익을 내기가 힘들다. 수익을 내기 위한 라쿠사스의 여러 방안 중 1가지는 고객의 잠자고 있는 가방을 활용하는 것이다. 라쿠사스가 빌려주는 가방 중 3분의 2는 라쿠사스가 직접 소유한 가방이며 3분의 1은 고객에게 빌린 가방이다. 고객이 등록한 가방이 약 1만 3,000개에 달하는데, 자신이 사용하지 않는 가방을 다른 고객에게 빌려주는 것이다. 이를 통해 라쿠사스는 가방을 구매하는 비용을 줄일 수 있고 고객의 입장에서는 사용하지 않는 가방을 빌려주고 용돈벌이를 할 수 있다는 장점이 있다.

마지막으로, 라쿠사스의 강점은 AI를 통해 고객의 취향을 분석하고 고객이 들고 싶은 가방을 찾을 수 있도록 도와준다는 점이다. 4만 개가 넘는 가방 중에서 원하는 가방을 고르는 것도 쉬운 일은 아니다. 특정 브랜드와 디자인을 염두에 두고 라쿠사스를 이용하는 고객도 있지만, 그렇지 않은 고객도 존재한다. 또한 다양한 가방을 이용해봄으로써 자신의 취향을 발견하고자 하는 고객도 있을 것이다. 라쿠사스가 AI를 활용해 어떻게 고객의 취향을 파악하는지 조금 더 자세히 들여다보자.

라쿠사스는 고객이 언제 어떤 가방을 빌렸는지 매우 구체적으로 데이터를 축적한다. 예를 들어, A씨는 며칠간 가방을 몇 번 교환했고, 언제 어떤 브랜드의 어떤 모델로 교환했는지에 관한 구체적인 고객 데이터를 수집한다.

그뿐만 아니라 가방과 관련 없어 보이는 고객의 행동 데이터를 통해서도 취향을 파악한다. 위치정보 공유 동의를 받은 고객의 동선을 파악해 '소득과 소비 수준이 높은 세타가야구를 자주 다니고 백화점이 아닌 쇼핑몰을 찾는 사람은 루이비통을 좋아하는 경향이 있음', '서울의 청담동과 비슷한 명품 브랜드 숍이 몰려 있는 미나토구를 자주 다니고 백화점을 자주 가는 고객은 셀린느를 좋아하는 경향이 있음' 이런 식으로 고객의 동선, 쇼핑 장소 등을 파악하고 이를 가방 취향에 연결하는 것이다. 고객이 특정 브랜드 매장을 방문했다면 이는 고객이 해당 브랜드에 대한 관심이 높다는 증거로, 라쿠사스는 고객이 앱을 열었을 때 해당 브랜드의 가방이 잘 보이도록 첫 화면에 배치하기도 한다. 이뿐만 아니라, 라쿠사스의 앱에 정기적으로 특정 그림을 보여주며 고객에게 어떤 그림이 좋은지 설문조사를 진행하고 설문 결과와 고객의 과거 가방 사용 이력을 AI에게 학습시킨다.

이렇듯 가방뿐만 아니라 고객의 행동 반경, 자주 가는 쇼핑몰, 좋아하는 그림 등 취향을 반영하는 다양한 요소를 파악하고 정보를 수집해 이에 기반한 분석 결과로 가방을 추천해주는 것이다.

라쿠사스가 고객의 취향을 알기 위해 이렇게까지 끊임없이 노력하는 이유는 무엇일까? 라쿠사스의 경험에 의하면 가방을 바꾸지 않고 한 가방만 계속 드는 고객의 서비스 해지율이 높기 때문이다. 가방을 자주 바꾸지 않는 고객은 운영 측면에서 비용이 덜 들어 라쿠사스의 입장에서는 좋은 게 아닐까 생각하기 쉽다. 하지만 한 가방을 지속해서 사용하는 고객은 라쿠사스의 핵심 가치를 경험하지 못하고 라쿠사스를 이용해야 할 동기를 잃게 된다. 반면 한 달에 한두 번 정도 가방을 바꿔 사용하는 고객이 서비스를 지속할 확률은 매우 높다. 그렇기 때문에 라쿠사스는 고객이 마음에 드는 가방을 발견하고 빌릴 수 있도록 고객에게 끊임없이 제안하는 것이다. 이렇듯 고객의 취향을 읽고 좋아할 만한 가방을 지속해서 제안하는 힘이 서비스 지속률 95%를 유지하는 라쿠사스의 비결이다.

명품 가방을 '소유'하는 것이 아닌 '체험하고 사용'하는 물건으로 정의하고, 많은 여성들이 다양한 가방을 사용할 수 있도록 만든 라쿠사스의 비즈니스 모델은 소유보다 경험을 중시하는 현재의 소비 트렌드를 그대로 반영하고 있다.

확실한 취향 저격만큼 중요한 건, 바로 서비스 품질 관리

•

패션 제품의 구독 서비스는 고객의 마음에 쏙 드는 제품을 추천해 보내주는 것도 중요하지만, 제품을 철저하게 관리하는 운영 방식이 뒷받침돼야 한다. 최근 고객들은 옷이나 가방을 빌려 사용하는 것에 대해 거부감이 줄어들긴 했지만, 제품을 받아보는 순간의 경험은 고객이 느끼는 서비스의 질을 크게 좌우하기 때문이다.

렌트더런웨이의 성공 비결 중 하나는 세탁에 많은 공을 들이고 있다는 점이다. 직원 1,200명 중 770명이 세탁 인력이며, 2년이 소요되는 세탁 교육 과정을 만들어 세탁 전문가를 양성하고 있다. 에어클로젯도 향균, 세탁, 살균을 철저히 진행해 고객들이 안심하고 옷을 착용할 수 있도록 하고 있으며, 이 점을 마케팅에서도 적극 어필하고 있다. 라쿠사스 또한 전문가들이 정기적으로 가방을 수선 및 관리함으로써 누군가 사용했던 가방이라는 느낌을 찾아볼 수 없게 만든다.

이에 더해 명품 가방의 품질을 유지하기 위해 라쿠사스는 고객 역시 엄격하게 관리한다. 가방을 빌리기 전에 사진을 촬영해 두고, 반납 후에 이를 비교해 긁힘이나 얼룩 등이 많은 고객에게는 '레드카드'를 준다. 고객센터에 거친 말로 불만을 제기하는 고객에게는 이용 정지 조치를 취한다. 라쿠사스는 '매너가 나쁜 고객은 고객이 아니'라고 판단하고 서비스를 제공하지 않는 것이다.

라쿠사스가 이용 정지라는 극단의 조치를 취하는 이유는 무엇일까? 고다마는 "이전 사업 경험을 통해서 매너가 나쁜 고객은 전체의 1% 정도밖에 되지 않는다는 것을 경험했다"라고 말했다. 하지만 1%밖에 안 되는 악덕 고객에 대응하는 데 드는 비용과 에너지는 생각보다 크다. 라쿠사스는 이 비용을 줄이는 대신 고객들이 더욱 낮은 가격으로 서비스를 이용할 수 있도록 집중한다. 이용 정지를 당한 고객이 라쿠사스에 악의를 품을까? 라쿠사스에 따르면, 도리어 이용 정지를 당한 고객의 90%는 잘못을 사과하고 서비스를 이용하고 싶어 한다고 한다.

남성도 부담 없이 시도할 수 있는 스타일링 비법

•

소득이 늘어날수록 남성들의 패션에 대한 관심이 높아지고 소비가 늘어나기 마련이다. 패션과 미용에 아낌없이 투자하는 남성을 일컫는 그루밍족이라는 용어가 등장한 지 오래며, 전 세계적으로 밀레니얼 세대를 중심으로 남성들이 자신을 꾸미는 데 사용하는 소비액이 증가하고 있다. 글로벌 통계 사이트인 스태티스타Statista에 따르면 2024년까지 남성 그루밍 시장 규모가 810억 달러까지 증가할 것으로 예상하고 있다.

한국의 백화점들도 마찬가지다. 전반적으로 소비가 위축되고 있는 가운데 남성 캐주얼, 가방, 잡화 등 남성 상품군의 매출은 증가하고 있다. 명품 브랜드들도 남성 전용 매장을 속속 선보이고 있으며, 일본에서는 2000년대 후반부터 남성 고객을 대상으로 하는 전문 백화점을 만들었다.

이렇게 자신의 외모에 신경을 쓰는 남성들에게 있어 소품은 패션을 연출하는 중요한 요소다. 하지만 남성의 패션 소품은 양말, 넥타이, 손수건 등 아이템 종류가 많아서 매장을 돌아다니며 원하는 것을 다 구매하기에는 상당한 시간과 노력이 들어간다. 뿐만 아니라 단가가 낮은 제품이 많아서 온라인 쇼핑의 경우 이를 일일이 선택하는 것이 힘들 뿐만 아니라 배송비를 부담해야 하는 경우도 많다. 이렇듯 에너지와 시간을 의외로 많이 써야 하는 남성 패션 소품들을 큐레이션해 매달 정기적으로 보내주는 소품 구독 서비스가 새롭게 등장해 남성들의 고민을 해결해주고 있다.

미국의 스프레짜 박스Sprezza Box는 타이, 넥타이핀, 양말, 선글라스 등의 남성 소품 5~6개 정도가 큐레이션된 박스를 매달 보내준다. 고객의 지불하는 구독료는 월 28달러(약 3만 원)지만, 받아보는 박스에는 약 100달러 상당의 제품이 들어있다.

다양한 소품을 한 번에 저렴한 가격으로 받아볼 수 있다는 것뿐만 아니라, 직접 쇼핑을 했다면 구매하지 않았을 아이템이나 잘 몰랐던 패션 소품을 착용해볼 수 있는 점도 구독 서비스가 가진 장점이다. 저렴한 가격에 모험적인 소비를 하고자 하는 고객들의 욕구를 충족시켜주는 것이다. 스프레짜 박스의 최

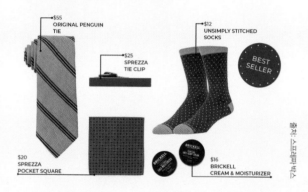

Esquire

Total Retail Value: $128
You Pay: $28

$55
ORIGINAL PENGUIN
TIE

$25
SPREZZA
TIE CLIP

$12
UNSIMPLY STITCHED
SOCKS

BEST
SELLER

$20
SPREZZA
POCKET SQUARE

$16
BRICKELL
CREAM & MOISTURIZER

출처: 스프레짜 박스

넥타이, 선크림, 행커치프, 양말, 안경 등 남성 패션 소품을 패키지로 제공하는 스프레짜 박스.

고운영책임자인 레닌 바티스타Lenin Batista는 "점점 더 많은 밀레니얼 고객들이 온라인에서 자신이 원하는 것을 찾고 있다. 게다가 고객들은 자신의 스타일을 표현할 수 있는 유니크하면서도 심플한 방법을 찾는다. 스프레짜 박스가 세련된 외모를 연출하고 싶은 남자들에게 그 해답을 제공한다"라고 말했다.

일본에서도 남성 고객을 대상으로 한 패션 구독 서비스가 속속 등장하고 있다. 일본의 카시카리KASHIKARI는 넥타이에 특화된 구독 서비스를 선보였다. 정장을 입을 때 넥타이는 인상을 좌우하는 중요한 액세서리다. 하지만 다양한 종류의 넥타이를 전부 구매하기에는 가격이 부담스럽고, 또 금세 유행이 지나버리는 경우도 많다. 따라서 유행에 맞는 다양한 스타일의 넥타이를 주기적으로 받아보는 것은 고객에게 경제적으로 도움이 된다. 카시카리는 약 2,700종류의 넥타이 중 3~5개의 넥타이를 매달 받아보는 구독 서비스다. 넥타이의 브랜드나 가격대에 따라 월 3,600엔(약 3만 8,000원), 월 5,800엔(약 6만 1,000원), 월 1만 2,600엔(약 13만 3,000원)의 3가지 서비스를 선보이고 있다. 구독 요금이 저렴하기 때문에 쉽게 구독을 시작할 수 있고 평소에는 착용하지 않던 스타일도 도전해보게 된다.

이렇듯 패션 소품의 구독 서비스는 고객들에게 편리함이라는 가치에 더해 새로운 스타일을 부담 없이 시도해볼 수 있는 계기를 제공한다.

가장 비싼 요금제가 가장 인기가 많다

•

남성의 패션을 논할 때 빠질 수 없는 아이템은 시계다. 이제는 다양한 가격대의 고급 시계를 구매하지 않고 구독해서 사용할 수 있다. 일본의 벤처기업 클로버랩Clover Lab에서 운영하는 카리도케KARITOKE는 2017년 시작된 구독 서비스로 약 50개 브랜드의 고급 시계 1,300여 종을 빌려준다. 서비스 개시 당시 회원 수는 2,000명 정도였으나 3년이 지난 2020년 6월 기준 2만 4,000명을 돌파했다. 고객은 마음에 드는 시계를 한 달에 1개씩 빌려서 사용할 수 있으며, 시계의 브랜드 및 가격에 따라 요금제가 달라진다. 월 3,980엔(약 4만 2,000원)에 이용 가능한 가장 저렴한 캐주얼 플랜은 20대 남성 고객을 대상으로 불가리, 구찌 등의 스포티한 느낌의 시계를 대여해준다. 이를 기업 면접 시에 활용하는 대학생도 많다. 월 6,800엔(약 7만 2,000원)의 스탠더드 플랜은 오메가와 태그호이어 등 고급 시계 브랜드 중에서 가격이 저렴한 모델을 대여해주며 사회생활을 시작한 20~30대 남성에게 인기가 많다. 이외에도 롤렉스를 포함해 약 50만 엔대의 시계를 이용할 수 있는 프리미엄 플랜은 9,800엔(약 10만 2,000원), 롤렉스, 오메가 등 고급 브랜드 중에서도 50만 엔이 넘는 높은 가격대의 시계를 이용할 수 있는 럭셔리 플랜은 월 1만 4,800엔(약 15만 6,000원)이다. 마지막으로 월 1만 9,800엔(약 21만 원)의 이그제큐티브 플랜은 고급 브랜드 중에서도 약 200만 엔대, 즉 한화로 2,100만 원에 달하는 최상급 시계를 이용할 수 있다.

　고객들이 카리도케 서비스를 이용하는 가장 큰 이유는 다양한 종류의 시계를 바꿔가면서 빌려 사용할 수 있다는 점이며, 시계를 구매하기 전에 실제로 사용해보고 구매를 검토하기 위한 목적으로 이용하는 사람들도 있다. 다양한 플랜 중에서 가장 인기가 많은 플랜은 월 1만 9,800엔의 이그제큐티브 플랜으로 2020년 6월 기준 회원의 42.2%가 가장 비싼 요금제를 이용한다. 고객은 30대가 39%, 40대가 28%로 30~40대가 고객의 절반 이상을 차지하며 영업직으로 근무하거나 회사에서 간부급 이상인 회원들이 많다.

카리도케 요금제

(2021년 4월 기준)

구분	캐주얼 플랜	스탠더드 플랜	프리미엄 플랜	럭셔리 플랜	이그제큐티브 플랜
월 구독료	3,980엔	6,800엔	9,800엔	1만 4,800엔	1만 9,800엔
주요 브랜드	에르메스 불가리 구찌 티파니앤코	브라이틀링 그랜드 세이코 오메가 까르띠에	롤렉스 IWC 제니스 샤넬	롤렉스 IWC 브레게 프랑크 뮬러	브레게 오데마 피게 위블로 파네라이

출처: 카리도케

카리도케의 고객은 5종류의 요금제에 따라 약 50개 브랜드의 고급 시계 1,300여 종을 빌릴 수 있다.

수천만 원짜리 시계까지 구독하는 카리도케의 성공 비결

•

카리도케는 패션 소품을 빌려주는 구독 서비스라는 점에서는 앞서 소개한 서비스들과 유사하나 몇 가지 점에서 차별화된 포인트가 있다.

우선 카리도케는 시계를 빌리는 기간에만 요금을 지불한다. 구독 서비스를 시작할 때 사람들이 심리적으로 저항감을 느끼는 부분은 자신도 모르는 사이에 요금이 나가는 점 혹은 서비스를 거의 사용하지 않았는데도 요금이 결제되는 점이다. 앞으로 얼마나 오래 서비스를 이용할지 확신이 서지 않는 사람도 있을 것이다. 카리도케는 한 달에 1개의 시계를 빌려서 사용할 수 있는데 다른 시계로 교환하고 싶을 때는 다음 결제일 5일 전까지 빌리고 싶은 시계를 예약하고, 현재 빌려서 사용 중인 시계를 반납하면 새로운 시계가 발송된다. 혹시 다음 달에 시계가 필요 없거나 착용하고 싶은 디자인을 발견하지 못한 경우에는 시계를 반납만 하고 예약하지 않으면 된다. 그러면 다음 달 결제가 이뤄지지 않기 때문에, 실제로 제품을 빌리는 경우에만 요금을 지불하는 셈이다. 이러한 요금 체계는 고객이 구독 서비스를 시작하는 심리적 부담감을 크게 줄여준다.

카리도케는 또한 온라인에서 사업을 시작했지만, 어느 정도 회원 수가 확보된 후에는 오프라인 매장을 꾸준히 늘려가고 있다. 오프라인 매장에 힘을 쏟는 이유는 시계를 직접 착용해보고 빌리고 싶다는 고객들의 의견이 많았기 때문이다. 시계는 남성이 패션을 연출함에 있어서 중요한 포인트이며 때로는 사회적 지위를 나타내는 아이템으로 활용되기도 한다. 따라서 비록 한 달간 빌려서 사용하는 제품이라 할지라도 먼저 자신에게 어울리는지를 확인하고 싶은 니즈가 높은 것이다. 2019년부터 2020년에 걸쳐 카리도케는 도쿄의 유락초와 신주쿠, 오사카의 난바에 위치한 마루이MARUI 백화점에 매장을 열었다.

코로나19의 확산 후 매장 방문을 꺼리는 고객을 위해 집에서도 시계를 착용한 모습을 확인할 수 있도록 AR 기술을 활용

약 21만 원에 달하는 구독료(이그제큐티브 플랜 기준)를 내고 시계를 빌리는 카리도
케의 성공 비결은 무엇일까.

한 전용 앱도 개발했다. 앱을 통해 실물 크기의 시계가 손목에
비춰져 자신의 사이즈에 시계가 맞는지 혹은 옷과 코디하기 쉬
운지 등을 확인하는 것이 가능하다.

한 번 사면 평생 쓰는 안경은 이제 그만

•

안경은 사람의 인상을 크게 좌우하는 소품 중 하나다. 안경 하
나로 지적인 이미지를 풍길 수도 있고, 조금 과감한 안경테를
통해 패셔너블한 이미지를 연출할 수도 있다. 패션에 관심이

많은 사람일수록 가지고 있는 안경과 선글라스의 종류도 다양하다.

하지만 일반적으로 다양한 디자인의 안경을 골라가며 쓰는 사람은 많지 않다. 도리어 안경 구매에 있어서는 웬만하면 새로운 시도를 하지 않고 대체로 본인이 쓰던 스타일을 고수하는 경우가 많다.

보수적인 디자인을 선택하는 경향이 강한 안경 시장에도 구독 서비스의 바람이 불고 있다. 패션으로서 다양한 안경을 시도해보고 싶은 사람들, 그리고 정기적으로 눈 건강을 관리하고 싶은 사람들이 안경 구독 서비스의 주요 대상이다.

일본 전국에 116개 매장을 운영하는 안경 전문 기업 메가네노 다나카MEGANE no TANAKA는 2019년 4월 안경 구독 서비스인 니나루NINAL를 선보였다.

매달 2,100엔(약 2만 2,000원)을 지불하면 3년 동안 안경을 3개까지 교환하는 것이 가능하다. 1년간 고객이 지불하는 총 요금은 2만 5,200엔(약 26만 5,000원)으로 3년이면 7만 5,600엔(약 79만 4,000원)이다. 가격만 들었을 때는 구독 서비스가 경제적으로 이득이라는 느낌이 들지 않을 수도 있다. 하지만 메가네노 다나카의 안경과 선글라스의 가격대는 안경테가 약 3만 엔, 렌즈가 1~2만 엔 정도로 총 4~5만 엔대의 고품질을 자랑하는 제품들이다. 따라서 고객이 3개의 안경을 이용한다면 가격적으로 메리트가 있다.

그러나 니나루의 사업 목적은 안경 구매에 대한 고객의 부담을 줄여주는 것이 아니다. 메가네노 다나카의 시마타니 겐지嶋谷謙二 이사는 니나루를 시작한 이유를 이렇게 설명한다.

"우리 고객들은 렌즈와 안경테를 포함해 평균 4~5만 엔 가격대의 안경을 구매해 5년 정도 이용하고 있습니다. 결코 싼 쇼핑은 아닙니다. 또 안경은 얼굴의 인상을 좌우하므로 마음에 드는 디자인이 있더라도 새로운 안경테에 도전하지 않습니다. 결국에는 무난한 디자인을 선택하거나 예전과 같은 타입의 안경을 계속 사용하고 있는 사람이 많습니다. 이러한 상황에서 우리는 니나루를 통해 고객들이 보수적인 경향을 극복하고, 좀 더 자신에게 맞는 안경을 발견하는 기회를 제공하고자 합니다. '안경과의 새로운 만남'을 통해서 안경 팬을 늘리고 싶습니다."

고객이 새로운 디자인의 안경을 만날 수 있도록 제안하는 것이 니나루 구독 서비스의 목적인 것이다. 이에 따라 니나루는 자체적으로 '인상 분석 앱'을 개발했다. 고객의 얼굴 생김새를 분석해 1,000종류 이상의 안경 중에서 고객의 얼굴에 어울리는 안경을 골라준다. 또한 질문을 통해 고객의 라이프스타일과 취향을 판단하고 이를 기반으로 가장 적합한 안경테와 렌즈를 제안한다.

앞서 말했듯이 니나루는 3년간 3개의 안경을 교환할 수 있다. 교환 주기가 길기 때문에 굳이 '구독'이라는 형태를 유지할 필요가 있을까 하는 의문을 품게 된다. 구독 서비스를 이용하지 않더라도 언제든 필요할 때 구매하면 되기 때문이다.

하지만 메가네노 다나카에 있어서 구독 서비스는 단지 안경을 팔기 위한 수단이 아니다. 안경 판매를 넘어 고객과 장기적인 관계를 형성하고 고객의 눈 건강을 지키는 서비스를 제공하는 것이 니나루가 추구하는 안경 구독 서비스의 본질이다.

니나루를 이용하는 고객은 언제든 편하게 눈과 관련된 상담을 할 수 있고, 정기검진을 받을 수 있다. 이는 특히 시력이 자주 변하는 어린이와 청소년에게 매우 유용한 서비스다. 어린이 고객은 시력이 자주 변하기도 하지만 바깥에서 뛰어놀다가 안경이 부러지는 경우도 많다. 니나루는 중학교 3학년 이하의 아동과 청소년을 대상으로 렌즈와 안경테를 무제한으로 교환할 수 있는 '니나루 스텝'이라는 요금제를 운영하고 있다.

어린이 대상의 안경 구독 서비스는 최근 부모들로부터 전폭적인 지지를 받고 있다. 다른 안경 체인점인 메가네 슈퍼Megane Super 또한 어린이 전용 안경 구독 서비스를 선보였다. 매달 1,000엔을 지불하면 초등학교 6학년 이하의 어린이들은 안경테나 렌즈를 교환하고 싶을 때 언제든 3,000엔만 추가로 지불해서 교환이 가능하다.

어린이의 성장에 맞춰 반년에 한 번 정도는 시력을 확인하

안경 구독 서비스 니나루는 기본 요금제와 함께, 월 2,700엔(약 2만 8,000원)에 일반 렌즈 대신 프리미엄 렌즈를 선택할 수 있는 니나루 프리미엄 요금제와 아동과 청소년을 대상으로 월 1,800엔(약 1만 9,000원)으로 안경테와 렌즈를 무제한으로 교환할 수 있는 니나루 스텝 요금제를 운영한다.

고 그에 맞는 렌즈로 바꿔주는 것이 좋지만, 대부분의 어린이는 2년에 한 번 정도 안경원을 방문한다. 어린이는 기존 렌즈가 자기 눈에 맞는지 안 맞는지를 판단하기가 어렵기 때문이다. 부모 또한 비용이 걱정돼서 방문을 미루거나 시력 체크를 하는 타이밍을 잊어버리기도 한다. 어린이 전용 안경 구독 서비스를 이용하면 고객들은 편하게 안경원에 들러서 착용하고 있는 안경이 현재 시력에 맞는지 검사를 받을 수 있다. 고객과의 접촉 빈도가 늘어나면서 고객이 상품을 구매할 확률도 덩달아 높아진다. 어린이와 부모가 함께 방문함으로써 부모 또한 안경이나 콘택트렌즈를 교환 혹은 구매할 기회가 늘 수도 있다. 무엇보다도 어릴 때부터 메가네 슈퍼를 이용한 아이들은 자연스럽게 성인이 돼서도 메가네 슈퍼에서 안경을 구매하게 된다. 즉 안경 구독은 안경이라는 물건을 판매한다기보다 고객의 얼굴에 맞는 안경을 제안하고 고객의 눈 건강을 책임지는 서비스이며, 나아가 평생 고객을 확보하는 교두보인 셈이다.

사실 메가네오 다나카와 메가네 슈퍼가 구독 서비스를 시도하는 배경에는 안경 산업이 직면한 현실에 대한 위기감이 있다. 인구가 감소하고 안경 단가가 떨어지면서 일본의 안경 시장의 규모는 1990년대 6,000억 엔에서 2018년 3,210억 엔으로 절반가량 줄어들었다. 또한 근시 교정 수술, 시력 교정 수술, 노안 수술 등이 확산되면서 안경을 필요로 하는 사람의 수도 점차 줄어들고 있다. 안경 산업은 이제 안경을 판매하는 것이 아닌 새로운 서비스를 제공하는 비즈니스 모델로 그 어려움을 극복하고 있는 것이다.

많고 많은 선택지 중에서
이번 달 선택은

커피 브랜드는 지금 당신의 취향이 궁금하다

•

커피 시장의 규모가 커짐과 동시에 커피를 대하는 사람들의 취향이 고급화되면서, 자신의 입맛에 딱 맞는 커피를 찾기 시작한 고객이 늘어나고 있다. 이와 더불어 나만의 커피를 집에서 즐기는 홈카페가 유행이다. 한편 다양한 커피를 마셔보고 싶지만, 매장에서 파는 커피의 종류가 한정돼 있거나 어떤 커피를 마셔야 할지 모르는 경우도 많다. 최근 이렇게 높아지는 고객의 취향을 진단하고 취향에 맞는 원두를 배송해주는 커피 구독 서비스가 미국, 유럽, 일본 등에서 인기를 끌고 있다.

미국 경제 잡지인 《패스트컴퍼니Fast Company》는 "커피 구독 서비스는 2000년대 초반의 판도라, 스포티파이, 애플뮤직 등 사람들이 원하는 음악을 찾아주는 음원 스트리밍 서비스와 유

수백 가지 원두 중에 고객의 취향에 맞는 원두를 골라 배송해주는 커피 구독 서비스.
이 같은 서비스들이 구독 비즈니스의 성공을 위해 집중하는 포인트는 바로 고객의
'취향'이다.

사하다. 트레이드 커피Trade Coffee는 커피 구독 서비스 기업 중
가장 빠른 성장세와 최신의 기술력을 보여준다"라며 커피 구
독 서비스를 음원 스트리밍 서비스에 비교했다.

미국의 대표적인 커피 구독 서비스인 트레이드 커피는
2018년 시작한 서비스로 수백 가지 종류의 원두 중에서 고객
의 취향에 맞는 제품을 엄선해서 보내준다. 약 200만 명의 고
객에게 커피 원두를 제공해온 커피 구독 서비스의 선구자다.

트레이드 커피는 엄격한 기준으로 선정한 미국 전역의 로스

터리 카페 50곳에서 그날그날 로스팅된 약 400종의 원두를 공급받는다. 다양한 원두가 있다는 것은 커피를 좋아하는 고객에겐 기쁜 일이지만 누군가에게는 이 중 하나를 선택하는 것이 고역일 수도 있다. 이를 해결하기 위해 트레이드 커피는 고객의 취향에 맞춰 좋아할 만한 원두를 제안해준다.

먼저 홈페이지의 설문 응답을 통해 취향을 파악한다. 현재 고객의 커피에 대한 지식은 어느 정도인지, 어떤 기구를 사용해 커피를 내리는지, 커피에 우유나 설탕을 첨가하는지 등의 5~10가지의 문항에 답하면 트레이드 커피는 고객에게 맞는 원두를 추천한다. 원두의 가격은 15달러(약 1만 7,000원)부터 20달러(약 2만 2,000원)가 넘는 것까지 다양하며, 고객은 1~6주 단위로 구독 주기를 선택할 수 있다. 고객이 커피 원두를 주문하면 트레이드 커피는 해당 로스터리 카페에 주문을 전달한다. 로스터리 카페는 원두를 볶은 후 24시간 안에 배송하기 때문에 고객은 항상 신선한 원두를 받아볼 수 있다.

보통 커피 구독 서비스가 직접 원두를 로스팅해서 자체 제작한 원두를 판매하는 반면 트레이드 커피는 고객과 판매자를 연결하는 역할을 하고 있다. 판매자를 엄격히 선택함으로써 커피의 품질을 관리하고 있으며 고객의 취향에 맞게 커피를 추천해주는 큐레이션 역량을 활용해 트레이드 커피는 직접 커피를 로스팅하지 않고도 커피 구독 서비스를 제공할 수 있다.

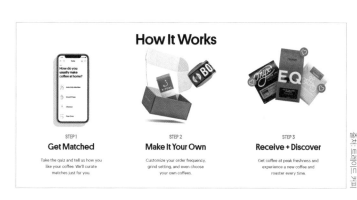

커피 구독 서비스의 모델은 사람들이 원하는 음악을 찾아주는 음원 스트리밍 서비스와 유사하다.

일본의 포스트 커피Post Coffee 또한 트레이드 커피와 비슷한 콘셉트의 커피 구독 서비스다. 포스트 커피는 고객의 취향을 파악하기 위해 커피뿐만 아니라 라이프스타일에 관한 질문도 한다. 언제 가장 커피가 마시고 싶은지, 커피와 함께 간식을 먹는다면 무엇을 먹을 것인지 등을 묻기도 하지만, 언뜻 보기에는 커피와 관련 없어 보이는 질문들도 던진다. 예를 들어 3일 연휴가 주어졌다면 어떻게 시간을 보내고 싶은지 등을 묻는 것이다. 좋아하는 음식과 술, 디저트, 평소의 생활방식 등의 10개 항목에 답하면 고객의 취향에 가장 적합한 고급 원두를 직접 로스팅해서 배달해준다. 설문 마지막에는 커피 원두를 그대로 보내주기를 원하는지 혹은 에어로프레스나 프렌치프레스 같은 특정 기구를 사용해 추출한 커피를 원하는지도 물어 커피

추출법에 대한 선호도까지 맞춰 준다.

포스트 커피는 세계 15개국에서 특별 관리된 마이크로랏 Micro-Lot이라고 불리는 고품질의 희소한 커피를 직접 조달해온 다. 들여오는 커피의 종류는 매달 바뀌는데 이는 커피 공급이 제한되기 때문이기도 하지만 최상의 품질을 제공하기 위해 엄 격한 품질 기준을 통과한 커피만 사용하기 때문이다.

구독료는 커피의 종류 및 중량에 따라 달라지지만 가장 저 렴한 경우는 1개월에 1,480엔(약 1만 6,000원)부터 시작한다. 스 페셜티 커피를 마시고 싶지만 구매할 수 있는 곳이 마땅치 않 은 고객들이 일본 전국에서 포스트 커피를 구독하고 있다.

포스트 커피는 단지 커피를 발송해주는 것뿐만 아니라 커피 를 내리는 방법부터 커피를 마시는 빈도, 마시는 방법을 포함 해 다양한 요소를 개인 맞춤화해서 제공한다. 배달된 커피를 마신 후 커피에 대해 평가하면 그 데이터가 반영돼 다음에 도 착하는 커피 원두의 구성이 달라지기도 한다.

포스트 커피는 2020년 2월 도쿄에 체험형 매장을 열었다. 취향에 맞는 커피를 진단해주고, 진단 결과를 기초로 바리스타 와 함께 커피를 추출해보고 시음해보는 공간이다. 고객은 커피 진단 후 그 자리에서 자신에게 맞는 커피를 사갈 수도 있다. 진 단 결과는 데이터베이스에 저장돼 언제든지 스마트폰으로 커 피 구독을 시작하는 것이 가능하다.

포스트 커피 체험형 매장 도쿄점. 고객은 체험형 매장을 통해 직접 자신의 취향을 진단하고, 그 결과를 바탕으로 자신에게 맞는 커피를 발견할 수 있다. 오프라인에서의 긍정적인 서비스 경험은 고객에게 구독 서비스를 제안하기에 효과적이다.

물론, 이미 구독 서비스를 이용하는 고객도 오프라인 매장을 방문할 수 있다. 바리스타는 고객의 기존 데이터를 기반으로 다른 커피를 추천해주거나 같은 커피도 다양한 추출 방법을 통해 시음해보게 함으로써 고객이 새로운 커피를 경험하며 자신의 취향을 발견할 수 있도록 돕는다. 이 결과도 데이터베이스에 저장되기 때문에 매장을 방문한 기존 고객이 향후 배달되는 커피를 바꾸는 것도 가능하다. 고객은 매장 방문을 통해 커피와 관련한 경험을 쌓아감으로써 자신의 커피 세계를 한층 더 넓혀갈 수 있다.

당신의 인생술을 찾아드립니다

•

우리나라는 1,000개의 양조장에서 2,000종의 전통주를 생산한다. 일본은 1,400개의 양조장이 존재하며 약 1만 종의 전통주를 만들고 있다. 미국에는 약 8,700개, 프랑스에는 약 2만 7,000개의 와인 양조장이 존재한다. 이렇게 다양한 주종을 골라 마시는 재미, 새로운 술을 발견하는 재미로 인해 전통주와 와인을 공부하는 사람들도 있다. 최근에는 국내의 주류 소비문화가 고급화되면서 새로운 주종에 관한 관심이 높아지고 다양한 종류의 술을 마셔보길 원하는 고객들이 늘고 있다.

이러한 추세 속에 다양한 술은 즐기고 싶지만 어떤 종류를 구매해야 할지 모르거나, 술에 대한 지식이 많지 않은 고객을 대상으로 한 전통주와 와인 구독 서비스가 사랑받고 있다.

술 취향과 인생술을 찾아준다는 콘셉트의 전통주 스타트업 술담화는 구독 서비스인 담화박스를 통해 월 3만 9,000원의 구독료를 내면 매달 전통주 소믈리에가 선택한 전통주 2~4병과 그에 어울리는 스낵 안주를 제공한다. 술담화는 매달 계절에 맞는 전통주를 보내주는데 어떤 술이 도착할지 모르는 '랜덤' 박스이기 때문에 한 달에 한 번 박스를 기다리는 기대와 설렘 또한 고객에게는 일상의 활력소가 된다. 디자인이 예쁜 담화박스를 오픈하는 순간의 즐거움도 무시할 수 없다. 그뿐만 아니라 큐레이션 카드에 적힌 술과 관련된 스토리는 술자리를 한층 더 즐겁게 만들어 주는 소재가 된다.

술담화의 이재욱 공동대표는 《중앙일보》와의 인터뷰에서 "일률적인 술 소개가 아니라 특정 전통주의 맛과 즐기는 방법, 언제 어울리는 전통주인지, 추천 안주는 무엇인지, 양조장이나 술에 대한 스토리텔링을 포함해 이야기와 함께 술을 즐길 수 있게 구성했다"라며 서비스의 기획 의도를 설명한다.

전통주는 나이 지긋한 어르신들이 주로 마신다는 이미지를 깨고 술담화는 20~30대를 중심으로 인기가 높다. 실제로 고객의 80%가 20~30대다. 이러한 밀레니얼 세대의 지지를 바탕으

매달 계절에 맞는 술을 큐레이션해주는 '랜덤' 박스라는 점과 박스 그 자체로 선물을
받는 기분이 들게 하는 예쁜 패키지는 담화박스의 매력 포인트다. 실제로 고객들은
술담화 온라인 쇼핑몰을 통해 개별 판매하는 담화박스를 재구매해 선물하기도 한다.

로 술담화의 2020년 6월 매출은 2019년 동기 대비 8배 이상
늘었고 구독자 수도 10배 정도 증가했다. 술담화 이외에도 술
을 읽다, 우리술한잔과 같은 전통주 큐레이션 구독 서비스가

등장하며 전통주 구독 시장은 꾸준히 확대되고 있다.

전문적인 지식이 없으면 고르기 힘든 와인 또한 큐레이션 구독 서비스를 통해 쉽게 접근할 수 있다. 특히 와인을 즐기는 문화가 발달한 미국에서 코로나19 확산 이후로 와인 구독 서비스가 빠르게 성장하고 있다. 외출이 제한되면서 집에서 술을 마시는 사람이 늘었기 때문이다. 고객의 취향에 맞는 알맞은 와인을 찾아서 배송해주는 해외의 와인 구독 서비스로는 네이키드 와인Naked Wines, 윈씨Winc, 솜셀렉트SommSelect, 바인박스 VINEBOX 등이 있다.

국내의 퍼플독 또한 취향에 맞는 와인을 선별해 매달 고객의 집으로 보내주는 와인 구독 서비스다. 퍼플독은 설문조사를 통해 고객의 취향을 파악하고, AI 프로그램을 활용해 알코올 도수, 타닌Tannin(떫은맛을 느끼게 하는 요소), 산도, 당도 등에 따라 고객이 좋아할 와인을 매칭시켜준다. 와인을 발송한 후에는 고객의 피드백을 통해 취향을 더 정교하게 찾아간다.

와인뿐만 아니라 와인을 쉽게 이해할 수 있는 정보가 담긴 브로슈어도 함께 보내주기 때문에 구독 경험이 쌓이면서 와인에 대한 이해도도 높아진다. 와인과 와이너리에 대한 설명, 해당 와인을 어떻게 마시면 좋은지 등이 상세히 설명된 가이드북은 와인에 대한 관심은 높지만 쉽게 다가가기 힘든 사람들이 와인을 온전히 경험할 수 있도록 돕는다.

퍼플독의 경우도 앞서 소개한 술담화와 마찬가지로 구독자의 대다수가 20~30대의 밀레니얼 세대다. 이들은 새로운 종류의 술을 마셔보고 싶은 호기심과 함께 매달 다양한 술을 경험해보는 즐거움을 기대하며 구독 서비스를 신청한다.

술은 취하려고 마시는 게 아니니까

·

주류 구독 서비스의 고객들은 취하기 위해서 술을 마시지 않는다. 이들은 술을 음미하고, 즐기고, 경험하고 싶어한다. 퍼플독 박재정 대표는 2019년《아주경제》와의 인터뷰에서 "월 3만 9,000원에 와인 한 병을 마시는 취미 활동을 한다는 사실에 고

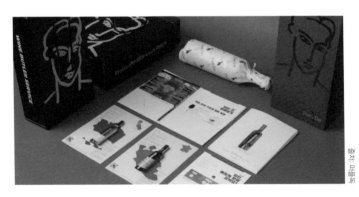

퍼플독은 와인과 함께 배송되는 각종 브로슈어를 통해 고객에게 와인에 대한 이해를 돕는 가이드의 역할을 한다.

객들은 스스로 만족한다. 이들은 와인을 자기계발의 하나이자, 고급스러운 취미 생활이라고 생각한다"라고 전한다.

소유보다 경험을 중시하는 밀레니얼 세대에게 주류 구독은 합리적인 비용으로 경험을 확장할 수 있는 서비스다. 큰 부담 없이 시작할 수 있는 가격이기 때문에 실패에 대한 불안감도 적다. 주류 구독 서비스를 반기는 이들은 고객뿐만이 아니다. 주류 구독은 주류 업체들에도 마케팅 기회를 제공한다. 품질은 좋으나 마케팅 자원이 부족해 대중에게 알려지지 못한 좋은 술을 홍보할 수 있는 계기가 된다.

전통주와 와인을 유통하고 판매하는 곳은 많다. 하지만 술담화와 퍼플독은 좋은 술을 골라서 스토리와 함께 전달함으로써 새로운 가치를 창출하고 있다. 고객이 술을 마시는 순간만이 아니라 술이 고객에게 전달될 때까지의 과정 자체를 즐길 수 있도록 서비스를 설계한다. 매달 어떤 종류의 술이 올지 기다리는 기대감, 박스를 받았을 때의 기쁨, 카드에 담긴 스토리를 읽는 즐거움, 이 모든 프로세스 하나하나가 새로운 고객 경험을 형성하며, 이는 시중에서 술을 구매해 마실 때는 누릴 수 없는 즐거운 체험이다. 술담화와 퍼플독은 전통주와 와인에 콘텐츠를 입힌 새로운 구독 서비스인 것이다.

Part 3

•

오직 당신에게
맞추다

Subscription

Economy

최근 소비재를 중심으로 개개인의 니즈에 맞춰 제작된 **맞춤형 상품**을 제공하는 구독 서비스가 늘어나고 있다. 고객의 취향이 고급화되면서 자신의 취향에 맞는 제품을 찾지 못하거나 시중에서 판매되는 제품으로는 충분한 효과를 보지 못하는 경우가 있다. 특히 샴푸나 영양제같이 피부에 직접 닿거나 섭취하는 제품들은 사람마다 모발 상태 혹은 건강 상태가 다르기 때문에 대량 생산되는 제품으로는 모든 고객의 니즈를 만족시키기가 어렵다.

이러한 고민을 해결해주기 위해 고객의 건강 상태와 취향을 분석해 개개인에게 맞는 제품을 만들어 주는 구독 서비스가 인기를 끌고 있다. 또한 같은 고객이라도 계절이 변화함에 따라, 혹은 나이가 들어감에 따라 필요한 영양소나 선호하는 제품 성분이 바뀌는 경우가 많다. 계절과 연령의 변화에 맞춰 그때그

때 고객에게 필요한 제품을 만들어 제공할 수 있다면 이는 구독 서비스를 지속하게 하는 강력한 동기가 된다.

기술의 발달은 이러한 맞춤형 구독 서비스의 확산에 큰 역할을 하고 있다. 대량의 데이터를 수집하고 분석하는 기술로 인해 개별 고객의 니즈를 파악하는 것이 더욱 수월해졌다. 뿐만 아니라 제품의 생산 비용이 낮아진 점 또한 맞춤형 구독 서비스의 확산에 크게 기여했다. 예전에는 특정 수량 이상을 생산해야만 제품 라인의 채산성을 맞출 수 있었다. 하지만 제조 기술의 발달로 인해 제조 라인의 유연성이 높아지면서 소량의 제품을 생산해도 이익을 낼 수 있는 시스템이 마련됐다. 제품에 대한 아이디어와 마케팅 역량이 있다면 이제 누구라도 브랜드를 만드는 것이 가능한 시대가 된 것이다.

오직 당신만을 위한
맞춤형 케어

뷰티 업계의 새로운 트렌드, 마이크로 개인화

•

맞춤형 화장품과 헤어 및 바디 케어 제품은 미국에서 먼저 등장했다. 미국은 다양한 인종과 민족으로 구성된 나라로 개개인의 신체적 특징, 피부 상태, 모발 상태가 각양각색이다. 따라서 특정한 기준으로 분류된 고객 집단에 맞춰 제품의 속성을 결정하고, 이를 대량 생산한 제품으로는 자신의 피부나 모발 상태에 적합한 제품을 찾기 어려운 경우가 있다. 이러한 니즈를 발견하고 개인의 피부 및 모발 상태를 과학적으로 분석해 맞춤화된 제품을 만들어 주는 브랜드들이 등장해 인기를 끌고 있다.

맞춤형 헤어 케어 브랜드인 프로즈Prose는 고객의 두피와 모발을 매우 상세하게 분석해 그에 맞는 제품을 만들어 준다. 제품 구매에 앞서 사전 퀴즈를 진행하는데, 여기서는 기본적인

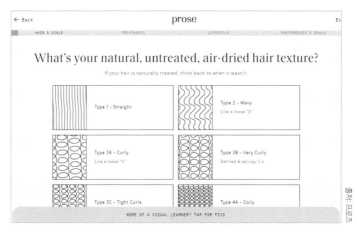

프로즈는 맞춤형 헤어 제품 제공을 위해 구매 전 고객에게 다양한 질문을 던진다.

두피 타입, 모발 타입, 헤어 케어와 관련된 습관 및 고민 등에 관한 질문뿐만 아니라 식습관, 스트레스 지수, 평소의 활동량과 같은 일상생활과 관련된 질문들을 통해 고객의 상태를 점검한다.

　또한 고객이 거주하는 도시의 공기 오염 정도, 자외선 정도, 습도와 바람 같은 기후 환경까지도 고려해 제품을 제조하는데, 미국은 땅이 넓고 주마다 기후가 다르다보니 고객의 거주 지역 역시 중요한 고려 요인이 된다. 예를 들어, 바다가 인접해 습기가 많은 지역에 거주하는 고객과 사막이 많아 건조한 지역에 거주하는 고객은 같은 모발 타입을 가졌더라도 다른 케어가 필요할 것이다. 프로즈의 고객은 제품에 들어가는 원재료까지 까다롭게 선택할 수 있으며, 식물성 원료만을 사용하도록 요구하는 것도 가능하다. 샴푸, 컨디셔너, 헤어 팩 등의 제품은 25달러(약 2만 8,000원)에서 38달러(약 4만 2,000원)의 가격으로 단품 구매도 가능하지만 정기적으로 구독할 수도 있다.

프로즈의 공동 창업자이자 대표인 아르노 플라Arnaud Plas는 미국 경제 잡지《포브스》와의 인터뷰에서 "우리는 더 이상 고객을 손상모, 곱슬모와 같은 광범위한 세그먼트로 나누지 않는다. 이러한 접근 방법으로는 더 이상 고객들의 니즈를 해결해주지 못한다고 느낀다"라고 말했다.

프로즈는 창업 초기 약 500만 달러의 투자를 받았는데 한 투자자는 "앞으로 마이크로 개인화Micro Personalization의 장래가 밝다"라며 투자 이유를 설명했다.

고객 한 사람 한 사람의 니즈를 파악하고 이에 대응하는 마이크로 개인화는 최근 마케팅에서 주목하고 있는 키워드이며, 미래의 소비 트렌드가 될 것이다. 이를 방증하듯 프로즈 이외에도 많은 맞춤형 브랜드들이 등장하고 있다.

미국의 헤어 케어 브랜드 펑션오브뷰티Function of Beauty는 제품 제작 시 고객의 다양한 요구 사항을 적극적으로 반영한다. 고객은 홈페이지에서 샴푸와 컨디셔너의 기능 및 향기를 직접 선택할 수 있을 뿐만 아니라 색상과 용기 크기까지도 고를 수 있다. 배달된 제품의 용기에는 자신의 이름이 인쇄돼 있어 고

출처: 펑션오브뷰티

고객들에게 헤어와 피부에 대한 테스트를 유도하는 펑션오브뷰티.

객은 해당 제품이 오직 자신만을 위해 만들어졌다는 특별함을 느낄 수 있다. 샴푸와 컨디셔너 세트의 가격은 40달러(약 4만 4,000원)부터 시작하며 필요한 종류의 헤어 제품을 골라서 정기적으로 받아보는 것이 가능하다.

 펑션오브뷰티의 창업자는 뷰티 업계와 전혀 관련이 없는 사람들이다. MIT 출신의 기계공학 전공자들이 만든 이 회사는 고객의 응답을 바탕으로 최적의 재료를 배합하는 알고리즘을 개발했다. 펑션오브뷰티가 만들 수 있는 샴푸의 종류는 무려 12억 개라고 한다. 펑션오브뷰티 공동 창업자 자히르 도싸 Zahir Dossa는 2017년 미국의 경제 뉴스지《비즈니스 인사이더 Business Insider》와의 인터뷰에서 "기존 뷰티 업계에서는 아무리 제품을 잘 만들어도 절대 모든 사람을 만족시킬 수 없다. 그래서 우리는 기술을 이용했다. 사람에 따라 어떤 재료를 어떤 비율로 섞을지, 어떻게 생산할지를 모두 새로 발명했다"라고 말했다. 또한 "앞으로 10년 혹은 20년 안에는 퍼스널라이제이션Personalization(개인화)이 특정한 사람들을 위한 것이 아니라 시장의 기준이 될 것이라고 본다"라며 앞으로 누구나 쉽게 맞춤형 제품을 사용하리라 전망했다.

또 다른 헤어 케어 스타트업인 스트랜드 헤어 케어Strands Hair Care는 더 획기적인 방법으로 맞춤형 제품을 만들고 있다. 고객의 모발을 직접 분석하는 것이다.

헤어 테스트 키트를 배송받은 고객은 머리를 감는 도중 빠졌거나 머리빗에 걸린 소량의 머리카락 샘플을 우편 봉투에 넣어 발송한다. 고객의 샘플을 받은 연구소는 머리카락의 상태를 과학적으로 분석하고, 분석 결과를 기초로 맞춤 제작된 샴푸와 컨디셔너를 배송해준다.

맞춤형 제품을 제공하는 서비스는 많은 경우 홈페이지를 통해 질문에 답하는 방식으로 고객의 상태를 파악한다. 하지만 이 경우 고객은 자신의 감각으로 퀴즈에 답하기 때문에 분석에 대한 정확도가 떨어질 가능성이 있다. 고객 입장에서도 자신의 머리카락을 직접 연구소에서 분석하고 그 결과를 토대로 제품을 만들게 되면, 기성품보다 더욱더 신뢰할 수 있게 된다.

더 좋은 제품을 찾아 떠도는 유목민의 종착지는 어디일까

•

이러한 개개인의 니즈에 맞춰 한 사람만을 위해 제작하는 맞춤형 제품은 미국을 넘어 전 세계로 확산되고 있다. 2018년 일본의 한 벤처기업도 맞춤형 샴푸 시장에 도전했다. 스파티Sparty라는 벤처기업이 운영하는 맞춤형 샴푸 구독 서비스 메듀라Medulla는 고객의 두피와 모발 상태에 맞는 샴푸와 컨디셔너를 제작해 월 6,800엔(약 7만 2,000원)에 정기적으로 배송해준다.

창업자인 미야마 요스케深山陽介는 아내가 자기에게 맞는 샴푸를 찾지 못하고 다양한 브랜드를 번갈아 사용하는 것을 보고 메듀라를 구상하게 됐다. 일본에는 1만 종류 이상의 샴푸가 존재한다. 최근에는 대기업이 아닌 소규모 기업들이 속속 시장에 진입, 온라인을 통해 마케팅을 진행하고 고객에게 직접 유통하는 D2CDirect to Consumer 브랜드가 많이 생기고 있다. 1만 종류가 넘는 샴푸 중에서 자신의 모발에 맞는 샴푸를 찾는 것은 결코 쉬운 일이 아니다.

국내 소비 시장에서도 자주 들을 수 있는 단어 중 하나는 '유목민Nomad'이다. 꾸준히 사용하는 제품이나 브랜드 없이 이 제품 저 제품을 사용하는 고객을 일컫는 용어로, 이들은 더 좋은 제품이나 서비스를 찾아다닌다. 일본에서는 유목민 대신 '난민難民'이라는 단어를 사용하는데 '샴푸 난민', '파운데이션

난민' 등 최근 난민의 종류 또한 증가하고 있다. 이러한 용어의 등장은 취향이 까다로운 고객, 제품에 대한 안목이 높은 고객이 증가하고 있음을 시사한다.

스파티가 메듀라를 출시하기 전에 실시한 설문조사에서도 "여러 가지 샴푸를 사용해보지만 정말 나에게 맞는 것이 무엇인지 모른다. 샴푸 난민 생활을 끝내고 싶다. 나에게 맞는 샴푸를 만들어 준다면 돈을 지불할 의향이 있다"라고 말하는 여성의 목소리가 많았다. 미야마는 2018년 5월 이러한 니즈를 충족시켜줄 수 있는 맞춤형 구독 비즈니스를 선보였다. 메듀라의 회원 수는 2020년 1월 기준으로 8만 명을 넘어섰으며, 2억 엔에 가까운 월매출액을 달성했다.

메듀라의 고객은 홈페이지에서 헤어 길이, 모발 손상 정도, 두피의 건조한 정도, 가장 신경 쓰이는 부분, 어떤 헤어를 희망하는지, 원하는 향은 무엇인지 등 9개의 질문에 답한다. 그러면 메듀라가 고객의 헤어 상태를 진단하고 제조 가능한 약 3만 가지의 샴푸 중에서 진단 결과에 맞는 샴푸를 만들어 보내준다. 고객은 제품을 사용하면서 발생한 피드백을 메듀라에게 전달하는데, 이 피드백이 쌓일수록 고객에게 더욱 적합한 제품으로 개선되는 것은 물론이다.

미야마는 IT 미디어 《테크크런치 재팬TechCrunch Japan》과의 인터뷰에서 "미용 관련 제품의 만족도는 고객의 기분, 환경에

출처: 메듀라

메듀라는 자신에게 맞는 샴푸를 발견해 샴푸 난민 생활을 끝내고
싶다는 여성 고객의 니즈에 집중했다. 2020년 1월 기준 메듀라의
회원 수는 8만 명을 넘어섰다.

의해 크게 좌우된다. 따라서 고객의 데이터를 바탕으로 최적의 제품을 제공하는 것에 더해, 고객이 언제든지 앱을 통해 고민과 원하는 바를 알려주면 이를 바탕으로 제품을 변화시키는 '서비스'로서 우리의 비즈니스를 정의하고 있다"라고 말한다.

서비스 체험이 우선, 메듀라의 오프라인 마케팅 전략

•

메듀라는 마케팅의 주요 수단으로 오프라인 미용실을 이용하고 있다. 현재 메듀라와 제휴한 약 150개 미용실의 헤어 디자이너가 고객의 머릿결, 두피 상태를 진단해주고 메듀라 샴푸를 체험하게 한다. 고객으로서는 전문가가 헤어 상태를 정확히 진단해준다는 점, 그리고 제품의 향을 맡아보고 샘플을 실제로 사용해본 후 구매할 수 있다는 장점이 있다. 미용실 측에서도 고객에게 카운슬링을 제공함으로써 수수료를 얻을 수 있기 때문에 반기고 있다. 메듀라는 오프라인 미용실과의 제휴를 통해 고객과의 접점을 넓히는 계기를 만들 수 있고, 맞춤형 샴푸에 관심은 있었지만 구매까지 이르지 못하는 고객의 구매를 촉진할 수 있다.

메듀라는 자사의 비즈니스를 '샴푸를 제조해 판매하는 비즈니스'가 아니라 '고객 각자에게 맞는 헤어 솔루션을 제공하는

제품 '판매'가 아닌 두피 진단 '서비스'에 초첨을 맞춘 메듀라의 체험형 매장.

서비스'로 인식하고 있다. 그렇기 때문에 메듀라가 제공하는 헤어 진단과 맞춤 솔루션 제공이라는 서비스를 고객들이 체험해보게 만드는 것이 무엇보다 중요하다.

이에 따라 메듀라는 체험형 매장도 열었다. 체험형 매장의 목적은 샴푸의 '판매'가 아니라 메듀라의 헤어와 두피 진단 '서비스 경험'에 초점이 맞춰져 있다. 이곳에서는 메듀라의 직원이 무료로 두피 진단 및 헤어 카운슬링을 제공하고 고객에게 적합한 샴푸를 추천해준다. 고객은 메듀라의 헤어 제품을 실물로 확인하고 마음에 들면 온라인으로 제품을 구독한다.

메듀라는 2020년 1월에 총 6억 엔의 투자자금을 조달했는데, 이 자금은 체험형 매장 및 미용실과의 연계 등 오프라인에서의 고객과의 접점을 늘리고 고객 체험을 강화하는 데 사용될 예정이다. 그뿐만 아니라 메듀라는 맞춤형 헤어 제품을 운영하면서 획득한 노하우를 활용해 화장품 등으로 제품 라인을 확장하고 있다. 헤어를 넘어 피부 및 바디 케어 전반에서 여성들의 다양한 고민을 해결해주는 것이 메듀라의 비전이다.

고객의 수고는 맞춤형 제품의 경쟁력이 된다

•

메듀라가 사업을 시작한 2018년부터 일본에서는 맞춤형 제품에 도전하는 기업들이 많아지고 있다. 맞춤형 서비스 시장이 확대되고 경쟁자들이 출현하면서 서비스를 차별화하는 기업들도 눈에 띄기 시작한다. 온라인 설문에 그치지 않고 전문가의 진단을 통해 고객의 니즈를 세밀하게 파악하거나, 제품을 만드는 과정에 고객을 참여시켜 체험을 강조한 서비스를 선보이는 등 다양한 시도가 이뤄지고 있다.

맞춤형 헤어 케어 브랜드인 콘스텔라CONSTELLA는 고객과 헤어 디자이너의 참여를 통해 차별화된 서비스를 제공하고 있다. 헤어 전문가의 카운슬링을 활용해 서비스의 질을 높이는 한편, 고객이 직접 맞춤형 샴푸와 트리트먼트를 만드는 과정에 참여하게 함으로써 제품에 대한 애착을 높인다.

고객은 '마이 콘스텔라'라는 앱을 다운로드 후 자신의 모발에 관한 약 30개의 질문에 답한다. 여기까지는 다른 맞춤형 제품들과 다를 바 없어 보인다. 하지만 콘스텔라는 전문가의 상담을 한 단계 추가했다. 온라인 질문에 답한 뒤 고객은 미용실에 가서 헤어 디자이너에게 직접 상담을 받는 '살롱 카운슬링' 혹은 비대면으로 진행하는 '온라인 카운슬링' 중 하나를 선택한다.

이 상담은 고객의 자가 진단을 프로의 시선으로 보정해주는 기능을 한다. 예를 들어, 자신은 머리숱이 많다고 생각하고 있지만, 수년간 다양한 고객의 머리를 만져온 헤어 스타일리스트가 보면 머리숱이 많은 편이 아닐 수도 있다.

콘스텔라를 운영하는 아노마리anomaly의 히라사와 노부히로平澤伸浩 대표는 "자가 진단으로 끝내지 않고 전문가의 눈을 통해 확인함으로써, 더욱더 고객에게 맞는 제품을 제공할 수 있다"라고 말했다.

이를 위해 콘스텔라는 고객뿐만 아니라 헤어 디자이너를 대상으로도 전용 앱을 개발했다. 콘스텔라를 운영하는 아노마리는 원래 미용실에서 사용하는 시스템과 미용실에 전문적으로 납품되는 제품을 만들던 회사다. B2BBusiness to Business 사업에서 B2CBusiness to Consumer 고객 대상의 맞춤형 제품으로 사업을 확장하면서 자신들이 이미 가지고 있던 자산인 미용실과의 네트워크를 활용해 고객들과 헤어 디자이너를 연결한 것이다. 고객은 더욱 정확한 진단을 받을 수 있다는 점에서 만족도가 높아지고, 헤어 디자이너 또한 고객과의 상담을 진행하면서 단골 고객을 만드는 효과를 기대할 수 있다. 또한 고객이 콘스텔라 제품을 구매하면 디자이너는 인센티브를 받는다.

고객의 자가 진단과 전문가의 카운슬링이 끝나면 AI가 해당 결과를 분석해 고객에게 맞는 샴푸와 트리트먼트를 처방한다. 콘스텔라는 단순히 처방 결과를 보여주는 것뿐만 아니라 자가 진단과 전문가 진단의 결과가 다른 경우에는 어떤 부분이 다른지 설명해준다. 헤어 디자이너의 코멘트도 함께 기재하기 때문에 고객은 자신의 헤어 상태에 관한 자세한 정보를 얻을 수 있다.

여기서 주목할 점은 고객이 받는 제품은 완성된 제품이 아니라는 사실이다. 고객은 '베이스THE BASE'라고 불리는 원액 1개와 '인퓨전INFUSION'이라고 불리는 미용액 2개를 받는다. 이를 고객이 직접 처방전에 맞춰 배합함으로써 샴푸와 트리트먼트를 최종적으로 완성하는 것이다.

왜 군이 고객이 직접 배합하는 수고를 들이도록 하는 것일까? 여기에는 2가지 이유가 있다.

첫 번째는 체험을 전달하기 위함이다. 타사의 맞춤형 샴푸

전문가의 카운슬링으로 서비스의 질을 높이고, 제품 제작에 고객을 참여시킴으로써 브랜드 애착을 높이는 콘스텔라의 맞춤형 헤어 제품.

보다 수고가 한 단계 더 들지만, 고객 입장에서는 샴푸를 만드는 과정에 참여함으로써 성취감을 느낄 수 있고 자신이 직접 만든 샴푸라는 점에서 제품에 대한 애착이 생긴다.

두 번째는 재고비용을 낮추기 위해서다. 히라사와 대표는 '맞춤형 서비스는 재고와의 전쟁'이라며 재고 관리의 어려움을 표현했다. 1만 명의 고객을 위해 1만 가지의 제품을 만들어 가지고 있는 것은 현실적으로 불가능한 일이다. 1만 가지 제품에 들어가는 원재료의 수요를 예측하기도 쉽지 않다. 콘스텔라는 제품을 베이스, 인퓨전, 그리고 샴푸에 들어가는 향으로 분리해 보관함으로써 재고에 대한 부담을 줄이고 있다.

지금, 나에게 필요한 영양소는 뭘까

•

건강에 대한 사람들의 관심이 높아지고 고령화가 진행되면서 영양제와 건강보조식품 시장은 지속해서 성장 중이다. 특히 코로나19의 확산에 따른 건강 이슈의 급부상으로 국내 건강기능식품(각종 건강식품 중에서도 기능성 원료나 성분을 사용하여 식약처의 인증을 받은 제품) 시장은 2020년 5조 원에 육박하는 규모로 성장했다. 초고령화가 진행되고 있는 일본의 건강보조식품 시장은 2019년 기준, 1조 4,813억 엔(약 15조 원)에 달한다. 시중에

나와 있는 건강보조식품 및 영양제의 종류도 수백, 수천 가지가 넘는다. 하지만 문제는 종류가 너무 많을 뿐만 아니라 나에게 정말 필요한 영양소는 무엇인지 알기 어렵다는 점이다.

일본에서는 이러한 고객의 니즈에 주목해 연령별·성별로 필요한 영양소만을 묶어서 판매하는 영양보조제가 인기를 끌고 있다. 건강식품 및 화장품을 제조하는 판클FANCL은 비타민, 철분과 같이 영양소별로 제품을 판매하는 것이 아니라 '40대 여성을 위한 영양제', '50대 남성을 위한 영양제'처럼 연령별·성별로 꼭 필요한 영양소를 조합해 제공함으로써 고객의 선택을 돕고 있다.

다양한 종류의 건강보조식품 중에서도 피부의 건강을 위해 섭취하는 피부 영양제가 여성들 사이에서는 큰 인기다. 피부를 개선하기 위해서는 화장품을 바르는 것만이 아니라 필요한 영양소를 내부에서 보충해야 한다는 인식이 퍼지고 있기 때문이다. 일본의 피부 영양제 시장 규모는 약 2,000억 엔(약 2조 1,000억 원)이며 다양한 제조사에서 나온 피부 영양제가 시장에 넘쳐난다. 드러그스토어에 가면 어떤 제품을 골라야 할지 몰라 한참을 두리번거리게 된다. 제조사뿐만이 아니다. 하이치올 Hythiol, 히알루론산Hyaluronic acid 같은 제품의 이름은 읽기도 어려울 뿐만 아니라 어떤 역할을 하는지, 어디에 좋은 영양소인지 전혀 감이 오지 않는다.

후지미FUJIMI는 고객들이 느끼는 이러한 불편함에 주목한 영양제 구독 서비스다. 2018년 4월 창업한 일본의 뷰티 기업 트리코tricot는 2019년 2월 크라우드 펀딩을 통해 일본 최초로 피부 진단에 따라 처방하는 맞춤형 영양제 구독 서비스 후지미를 론칭했다. 후지미의 사이트에서 야외 활동 시간, 수면 시간, 운동 빈도, 자주 먹는 음식, 주름 혹은 기미가 많은 얼굴 부위, 최근 화장 상태, 현재 스킨케어 방법 등 약 20문항의 설문에 응답하면 고객의 피부 상태를 진단하고, 그 결과를 바탕으로 제조한 피부 영양제를 정기적으로 배송해준다. 1달분(30포) 영양제의 가격은 6,800엔(약 7만 2,000원)으로 크게 부담 가는 가격은 아니다.

후지미는 콜라겐Collagen, 플라센타Placenta 등의 영양소를 배합해 고객의 현재 피부 상태에 맞는 영양제를 만들어 주는데, 모든 영양소가 보존료나 향료를 사용하지 않는다는 점도 여성 고객들의 신뢰를 얻고 있다.

창업 후 약 1년에 걸쳐 서비스를 개발하고 크라우드 펀딩에서 미리 판매를 시작했는데, 1개월 만에 목표 금액의 127%를 달성했다. 개인 맞춤형 피부 영양제라는 제품의 콘셉트가 트위터를 통해 여성들 사이에서 화제를 불러일으켰기 때문이다.

후지미는 창업자인 후지이 카나藤井 香那 자신의 고민으로부터 시작됐다. 후지이가 대학교에 다니면서 스타트업에서 일하던 시절, 바쁜 일정과 수면 부족으로 인해 피부가 푸석푸석해질 때가 많았다. 이런저런 화장품을 발라봤지만 별다른 효과를 보지 못하다가 피부 영양제를 섭취한 후에 피부 상태가 회복되는 경험을 했다. 창업자 자신이 피부 영양제의 효과를 확신하게 된 것이다. 여기에 그치지 않고 후지이는 자신의 현재 피부 상태에 딱 맞는 영양을 보충할 수 있었으면 좋겠다는 생각이 들었고 이를 실행으로 옮기게 됐다.

후지이는 《포브스 재팬Forbes JAPAN》과의 인터뷰를 통해 이렇게 말한다. "사람은 원래 별로 선택을 하고 싶어 하지 않아요. 세상에는 물건이나 서비스의 선택지가 넘치고, 최선의 선택을 하기 위해서는 큰 노력이 필요합니다. 그렇기 때문에 고객 개개인에게 꼭 맞는 것을 추천해서 정기적으로 보내주는 서비스가 향후 유행할 것이라고 느꼈습니다."

일본의 화장품 리뷰 사이트인 립스LIPS에서는 "어떤 영양제를 먹어야 할지 항상 고민되는데 나만을 위해 골라주니 편해요", "생리 전에 피부가 거칠어지는데 후지미를 구독하고 난 후에는 피부가 달라졌어요. 역시 안에서부터 관리하는 것이 중요한 것 같아요", "내용물뿐만 아니라 패키지도 자랑하고 싶을 만큼 예뻐요" 등 후지미를 구독한 고객들의 긍정적인 리뷰를 많이 볼 수 있다.

현재는 스킨케어에 특화된 영양제를 중심으로 서비스를 운

영하고 있지만 향후에는 다이어트나 눈 건강, 수면장애, 헤어
케어 등 다양한 여성의 고민을 해결해줄 제품을 지속해서 발매
할 예정이다. 피부 영양제에 이어 2020년 2월에는 개인의 피
부 진단 결과에 기초해 만드는 맞춤형 페이스 마스크를 출시했
다. 후지미는 보다 개개인의 니즈에 맞춘, 고객 한 명 한 명의
라이프스타일을 지지해주는 서비스를 목표로 하고 있다.

　맞춤형 영양제 비즈니스는 국내에서도 슬슬 기지개를 켜기
시작하고 있다. 맞춤형 건강기능식품은 지금까지는 소분 판
매가 허용되지 않아 사업을 시작하기가 쉽지 않았다. 하지만
2020년 4월 맞춤형 건강기능식품이 '규제 샌드박스Sandbox(새
로운 제품이나 서비스가 출시될 때 일정 기간 기존 규제를 면제하거나 미
뤄주는 제도)'로 선정됐고, 몇몇 시범 사업체(풀무원건강생활, 아모
레퍼시픽, 한국암웨이, 코스맥스엔비티, 한국허벌라이프, 빅썸, 모노랩스)
가 승인을 받았다. 여태까지 고객이 다양한 종류의 건강기능식
품을 개별적으로 구매해 섭취했지만, 앞으로는 전문가가 고객
에게 필요한 영양소를 조합해 판매하는 것이 가능해진 것이다.
첫 오프라인 대면 구매 이후, 재구매 혹은 정기 구독은 온라인
으로 가능하다. 고객은 온·오프라인에서의 설문, 자가 측정,
DTC Direct to Consumer(고객 직접 의뢰 방식) 유전자 검사 등을 통해
자신에게 필요한 건강기능식품을 추천받을 수 있고, 이를 소분
구매할 수 있다. 이에 따라 한국에서도 많은 건강기능식품 제

후지미는 일본 최초로 고객의 피부 상태에 따라 맞춤형 피부 영양제를 처방하는 구독 서비스다. 개인 맞춤형 피부 영양제라는 후지미의 콘셉트는 트위터에서 여성들에게 큰 관심을 모았다.

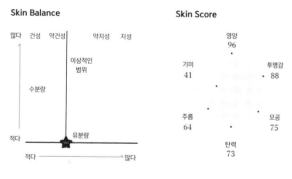

Skin Balance

많다 건성 약건성   약지성 지성

이상적인
범위

수분량

적다   유분량

적다 ──────── 많다

Skin Score

영양
96

기미   투명감
41   · 88

주름   모공
64   ·   75

탄력
73

○○○ 님의 현재 피부 상태

후지미 홈페이지에서 간단한 설문을 통해 자신의 피부 상태를 진단할 수 있다.

조업체들이 맞춤형 건강기능식품 사업에 뛰어들 것으로 예상되며, 정기적으로 섭취해야 하는 건강기능식품의 특성상 자연스럽게 구독 서비스라는 형태로 제공될 것이다.

실제로 이마트와 모노랩스가 업무 협약을 체결, 2021년 1월 이마트 성수점을 시작으로 죽전점에도 아이엠IAM___이라는 맞춤형 영양제 구독 서비스의 오프라인 매장을 오픈했다. 아직까지 고객들에게 생소할 수 있는 맞춤형 건강기능식품을 체험할 수 있는 공간이다. 고객이 키오스크 기계를 이용해 설문에 응답하면 AI 알고리즘을 이용해 현재 건강 상태와 생활 습관에 맞는 영양제를 추천해준다. 다양한 영양 성분을 조합해 1회 섭취량을 개별 포장해 제공한다. 영양제는 총 21종류가 있으며, 성장 환경, 식습관, 생활 패턴 등을 입체적으로 분석해 약 169만 가지의 조합 중에서 고객에게 꼭 필요한 영양 성분을 제공하는 것이다. 고객은 추천받은 영양제를 일회성으로 구매할 수도 있지만, 정기 구독 서비스로 신청해 매달 집에서 편하게 받아볼 수 있다. 개별 영양제별로 가격이 달라 고객이 복용하는 영양제의 가짓수에 따라 금액이 결정되며 보통 1회 섭취량이 3~4개일 경우 4~5만 원대로 구매할 수 있다. 영양소의 종류가 7~8개로 늘어나면 한 달 구독료는 10만 원이 넘을 수도 있지만, 고객이 직접 영양제의 종류를 조정해 자신의 예산에 맞도록 구성할 수 있다는 것이 큰 장점이다.

카카오톡 알림 서비스도 제공해 지정한 시간마다 고객이 잊지 않고 영양제를 섭취할 수 있도록 돕는다. 구독 서비스를 운영하면서 중요한 점 하나는 고객이 꾸준히 제품을 섭취 혹은 이용해 서비스의 가치를 느끼도록 하는 것이다. 섭취하는 것을 깜빡해 영양제가 쌓이게 되면 고객은 구독 서비스가 필요 없다고 느끼게 되고 서비스를 해지할 가능성이 높아진다.

모노랩스의 소태환 대표는《경향신문》과의 인터뷰에서 "건강기능식품에 대한 관심은 높아졌지만 정작 어떤 것이 자신에게 맞고 무엇을 먹어야 하는지 모르는 경우가 많다"라며 창업 동기를 설명한다.

의약품 전문지인《팜뉴스》와의 인터뷰에서는 "우리 서비스의 목표는 굉장히 즐겁고 재밌게 스스로 건강을 챙길 수 있는 경험을 축적하도록 하는 것"이라며 "이러한 편리함 또는 편의성으로 사람들의 삶을 더 풍요롭게 만들고 싶다"라고 밝혔다.

세계적으로 맞춤형 영양제 시장은 여전히 잠재력이 큰 블루오션이다. 글로벌 시장조사 기관인 리서치앤마켓Research and Markets은 맞춤형 영양제 시장이 매년 평균 15%씩 성장해 2025년에는 164억 달러에 이를 것으로 예측했다. 국가마다 인구 고령화가 빠르게 진행되고 있고, 비만과 당뇨병 인구 또한 늘고 있다. 이미 유전자 검사가 보편화된 미국에서는 고객의 유전자를 분석해 필요한 영양소를 제안하고 있다. 최근에는 고

아이엠은 1,695,221개의 조합 중에서 고객에게 최적화된 건강기능식품 구성으로 맞춤형 영양제를 추천한다.

객의 혈액을 분석해 영양소를 제안해주는 회사도 등장했다.

미국 보스턴에 위치한 스타트업인 베이즈Baze는 혈액검사 결과를 기반으로 영양제를 제공한다. 혈액은 고객의 건강 상태를 정확히 확인할 수 있는 지표 중 하나다. 베이즈는 집에서도 간단히 피를 뽑을 수 있는 혈액 키트를 고객의 집으로 보내고 고객은 이를 활용해 혈액을 채취해 발송한다. 베이즈는 고객의 혈액을 분석해 부족한 영양소를 파악하고 맞춤형 영양제를 만들어 준다. 아직 국내에서는 법적으로 허용되지 않지만, 미국 식품의약국FDA은 2020년 1월 가정용 혈액 키트의 사용을 승인했다. 유전자 검사 및 혈액 검사와 같이 예전에는 병원에서만 가능했던 전문적인 검사를 최근에는 집에서도 할 수 있는 서비스가 개발되고 있으며, 검사비 또한 점차 내려가고 있다. 앞으로는 유전자 등을 분석해 더욱 정교화된 맞춤형 영양제를 정기적으로 배송해주는 구독 서비스가 더 많이 등장할 것으로 보인다.

1만 가지 색상 중 자유롭게 고르는 염색약

•

헤어 염색약 구독 서비스인 카라리스COLORIS가 2019년 9월 출시 이후 일본에서 큰 인기를 끌고 있다. 카라리스는 고객의 머리 길이와 모질毛質, 원하는 색상, 염색 시간 등에 근거해 1만 가지의 컬러 조합 중에서 개인에게 맞춤화된 색상의 염색약을 보내주는 서비스다.

미용실에서 받을 수 있는 고품질의 염색을 집에서 편하게 할 수 있다는 점, 그리고 1만 가지의 다양한 컬러를 제공하기에 자신에게 딱 맞는 색상을 발견할 수 있다는 점이 인기의 비결이다. 카라리스는 특히 코로나19로 인해 미용실에 가기를 꺼리는 사람들에게 새로운 대안이 되며 사업이 빠르게 성장하고 있다.

카라리스의 대표 우메노 유키梅野 祐樹 는 "헤어 염색은 미용실 서비스를 이용하거나 시중에서 판매되는 염색약을 이용하는 2가지의 선택지밖에 없었다"라며 카라리스를 창업하게 된

약 1만 가지의 컬러 조합을 제공하는 염색약 구독 서비스 카라리스.

계기를 설명한다. 이 2가지 방법에는 각각 장단점이 있다.

우선 미용실의 염색 서비스는 고객의 모발에 적합한 컬러를 만들어 주며 좋은 염색제를 사용하기 때문에 만족도가 높다. 하지만 미용실에 가서 약 2시간 정도 머물러야 하며 당연히 시중에서 파는 염색약보다 가격이 비싸다. 머릿결을 생각한다면 매달 미용실에서 염색하는 것이 이상적이지만 자녀를 둔 워킹맘 중에는 헤어 관리에 시간과 비용을 투자하지 못하는 사람도 꽤 있다.

한편 시중에서 판매하는 염색약은 미용실과 비교하면 가격이 저렴하고 간편하게 염색을 할 수 있다는 장점이 있지만 염색의 품질을 보장하지 못해 만족도가 낮다. 또한 시중에 판매되는 염색약은 어떠한 모질이나 색상을 가진 사람도 염색이 될 수 있도록 강한 염색제를 사용한다. 발색은 좋지만 머리카락을 손상시키는 데다가 퇴색도 빠른 경우가 많다.

카라리스는 이 두 시장의 빈틈을 공략해 미용실 염색과 자가 염색의 장점만을 취한 고품질 염색약을 목표로 제품을 개발했다. 가격은 매달 3,980엔(약 4만 2,000원)으로 드러그스토어의 제품보다는 고가이지만 미용실에서 염색하는 것에 비하면 저렴하다. 물론 매달 기분에 따라 색상을 바꾸는 것도 가능하다.

카라리스는 구매 시 고객의 모발에 관해 무료로 상담을 진행하고, 그 결과에 기초해 적절한 염색약을 조합한다. 머리카락 길이, 흰머리 양, 최근 미용실에서 받았던 서비스, 현재 머리색 등 약 11개 항목에 대해서 설문조사 형식으로 묻는다. 그 결과에 따라 고객의 모발에 적합한 염색약과 트리트먼트를 조합해 배송한다.

불필요하게 강한 약제를 사용하지 않고 트리트먼트를 조합함으로써 머릿결이 손상되지 않는 제품을 개발했다. 혹시라도 머리카락이 손상될까 불안한 고객을 위해 카라리스가 제휴한 미용사에게 채팅으로 상담할 수 있는 기능까지 제공하고 있다.

발 빠른 마케팅 전략으로 언택트 시대의 대안이 되다

•

카라리스는 코로나19로 인해 비대면화가 일상에 깊숙이 자리 잡으면서 급격히 성장했다. 가능한 타인과의 접촉을 피하는 사회 분위기 속에서 미용실 방문을 꺼리는 사람들이 늘어났던 것이다. 카라리스는 그들의 목소리에 귀를 기울이며 변화하는 고객 니즈에 맞춰 마케팅 전략을 빠르게 수정했다. 2020년 2월, 코로나19가 확산하기 시작하면서 SNS에는 "미용실에 가고 싶지만, 걱정이 돼 피하게 된다"라는 고객들의 의견이 올라오기 시작했다. 카라리스는 이것이 자사 비즈니스에 큰 기회가 될 것을 간파하고 적극적으로 마케팅을 진행했다.

'언택트 시대에 카라리스가 미용실 염색의 대안이 될 수 있다'는 메시지를 강화한 인터넷 광고를 집행하고 랜딩 페이지에서 상품의 특징을 전달하는 방향으로 웹페이지를 수정했다. 드러그스토어에서 판매하는 염색약이 보통 1,000엔(약 1만 600원) 정도인 것에 비하면 카라리스의 제품은 고가이므로 카라리스의 장점을 확실히 설명해 고객을 설득하는 것이 중요했기 때문이다.

'미용실에 가기 힘든 사람도 미용실 수준의 염색을 실현할 수 있다는 점'을 강조하는 마케팅을 진행한 결과 2020년 2월 대비 3월 매출은 2.5배 성장, 4월에는 매출이 다시 2배로 성장했다. SNS에서 고객들이 직접 사용 후기를 남기는 입소문을 통해 최근에도 신규 고객이 지속해서 증가하고 있다.

구독 서비스는 신규 고객을 지속해서 유입시킴과 동시에 해약률을 낮춰 고객을 확대함으로써 사업을 성장시킨다. 해약률은 구독 서비스에 있어 매우 중요하게 관리해야 하는 지표 중 하나다. 해약률이 높으면 아무리 신규 고객이 유입되더라도 사업이 장기적으로 성장할 수 없다. 그렇기 때문에 처음 서비스 이용 시 만족도를 높여 두 번째도, 세 번째도 서비스를 해약하지 않고 이용하도록 만드는 것, 즉 지속률을 높이는 것이 구독 서비스에서는 무엇보다 중요한 포인트다. 카라리스의 경우 서비스를 처음 이용하고 나서 구독을 지속하는 고객의 비율이 무려 90%에 달하고 있다. 이 중에는 시중에서 판매되는 염색약으로는 충족되지 못했던 헤어 컬러에 만족감을 느낀 고객이 많다.

언택트가 일상이 돼버린 시대에 대면 서비스를 대신할 수 있는 구독 비즈니스는 성장가능성이 높은 시장이다. 고품질 헤어 염색약으로 미용실 서비스를 대체한 카라리스의 비즈니스 모델과 마케팅은 눈여겨볼 가치가 있다.

내 마음대로 만들어 쓰는 맞춤형 화장품

•

영양제, 헤어 제품과 함께 맞춤형 제품이 빠르게 확산 중인 분야는 화장품이다. 국내외를 막론하고 화장품 제조사들은 맞춤형 화장품을 미래의 성장 동력으로 보고 관련 기술 개발에 여념이 없다.

자신의 피부에 딱 맞는 화장품에 대한 고객 니즈는 예전부터 존재해왔다. 같은 타입의 지성 피부 혹은 건성 피부라고 해도 사람마다 수분을 머금은 정도와 유분기가 모두 다르기 마련이다. 과거, 피부 상태를 진단하는 기술의 개발과 높은 제조 비용은 맞춤형 화장품 시장 확대의 큰 걸림돌이었다. 하지만 최근 관련 기술이 발달하고 제조 비용이 낮아지면서 여성들은 집에서 자신만의 화장품을 만들어 사용할 수 있게 됐다.

글로벌 화장품 제조사인 로레알L'Oréal은 국제전자제품박람회인 CES Consumer Electronics Show 2020에서 고객이 직접 맞춤형 화장품을 만들어 사용할 수 있는 디바이스인 '페르소Perso'를 선보였다. 높이 16.5cm, 무게 450g의 이 작은 디바이스는 사용자의 피부 상태, 생활 환경, 제품에 대한 선호도라는 3가지 정보를 활용해 개인에게 맞는 성분들을 처방해 맞춤형 화장품을 만들어 준다.

사용자는 먼저 스마트폰 카메라를 이용해 자신의 얼굴을 촬영한다. 페르소의 모바일 앱이 사용자의 피부 상태, 즉 잔주름, 기미, 모공 크기 등을 분석하고, 당시의 날씨, 온도, 자외선 지수, 습도 등 사용자의 피부 상태에 영향을 미칠 수 있는 해당 지역의 환경을 평가한다. 그리고 사용자는 자신이 특히 고민하는 부분, 선호하는 제형과 수분 레벨을 입력한다. 이러한 3가지 종류의 데이터를 바탕으로 페르소는 최적의 비율로 화장품을 조제하며, 1회 사용할 분량의 화장품이 페르소 디바이스의 상단에서 나온다.

AI 기술에 기반하기 때문에 사용 기간이 길어질수록 고객의 피부 상태에 대한 데이터가 쌓여 더욱 최적화된 맞춤형 화장품을 만드는 것이 가능하다. 시간에 따른 피부 상태의 변화를 측정하고 이에 따라 성분 처방을 자동으로 조절하는 것이다. 페르소는 2021년 중에 고객에게 시판될 예정이다.

로레알 그룹 산하의 입생로랑 뷰티YSL Beauty는 CES 2021에서 자신이 원하는 색상의 립스틱을 만들어 사용할 수 있는 '루즈 쉬르 므쥐르Rouge Sur Mesure'를 선보였다. 전용 디바이스에 장착된 3가지 컬러 카트리지를 통해 적절한 색상을 배합하는 구조다. 전용 앱에서 AI 알고리즘을 이용해 고객에게 어울리는 색상을 제안해주기도 하며, 고객의 패션 색상에 맞춘 립스틱 컬러를 추천해주기도 한다. 이제 여성들은 자신의 옷에 어울리는 립스틱까지 디자인할 수 있게 된 것이다.

한국의 아모레퍼시픽 또한 최근 아이오페 랩을 선보이고 고객의 피부에 최적화된 맞춤형 화장품을 제공하고 있다. 이곳에서는 화장품 조제 관리사가 고객에게 꼭 맞는 화장품을 현장에서 바로 제조해준다. 원하는 제형과 성분에 맞춰 나만의 세럼을 만들 수 있을 뿐만 아니라 얼굴 부위별 사이즈를 측정해 자신의 얼굴에 맞춘 마스크 팩도 만들 수 있다.

맞춤형 화장품은 구독 모델에 적합한 아이템 중 하나다. 화장품은 매일 사용하는 제품으로 한두 달에 한 번 정도의 주기를 가지고 구매한다. 또한, 고객의 피부 상태는 일별, 계절별로 변하며 나이가 들어감에 따라 고민하는 부분도 달라진다. 고객의 피부 변화에 맞춰 그때그때 필요한 성분으로 만들어 주는 화장품은 정기 구독을 지속할 만큼 매력적이다.

이미 해외에는 맞춤형 화장품 구독 서비스가 운영되고 있다. 미국의 맞춤형 스킨케어 브랜드 유어 스킨Y-OUR Skin은 앞서 소개한 헤어 제품 및 영양제와 비슷한 콘셉트로 홈페이지의 설문을 통해 고객의 현재 피부 상태를 진단한다. 성별, 나이, 인종, 피부 타입, 민감도, 평소 스킨케어에 관한 질문에 더해 고객이 거주하는 지역의 습도, 공기 오염 정도, 고객의 스트레스 지수, 수면 시간 등 세밀한 부분까지 파악한다.

이렇게 분석한 고객의 피부 상태와 환경에 적합한 원재료를 찾고 해당 재료를 사용해 클렌저와 2종류의 크림, 세럼으로 구

모바일 앱을 통해 고객이 직접 맞춤형 화장품을 만들어 사용할 수
있는 뷰티 디바이스인 로레알의 페르소.

성된 스킨케어 세트를 제작해 배송해준다. 세트는 65달러(약 7만 2,000원)로 크게 부담 가는 가격대는 아니다.

일본에서도 화장품 제조사인 시세이도SHISEIDO가 로레알의 페르소와 비슷한 콘셉트의 서비스를 시도했다. 시세이도는 2019년 7월 옵튠Optune이라는 맞춤형 화장품 구독 서비스를 론칭했지만, 1년이 채 안 된 시점인 2020년 6월 서비스를 중단했다. 비록 기대할 만한 성과를 거두지는 못했지만 옵튠의 서비스를 살펴봄으로써 맞춤형 구독 서비스를 설계할 때 주의해야 할 점에 대한 힌트를 얻을 수 있다.

우선 옵튠 서비스의 개발 배경을 살펴보자. 여성들은 수면 및 생활 리듬에 따라 피부 상태가 매일 달라진다. 옵튠은 이렇듯 매일 변화하는 피부 상태에 맞는 화장수를 집에서 제조해서 사용할 수 있도록 한 서비스다. 시세이도는 고객의 피부 상태뿐만 아니라 그날그날의 외부 환경까지 고려해 최적화된 뷰티 솔루션을 제공하는 것을 목표로 했다.

옵튠의 사용법은 다음과 같다. 고객은 전용 앱을 이용해 자신의 피부를 촬영한다. 전용 앱은 피부 영상을 분석해 고객의 피지량과 수분량 등 현재의 피부 상태를 측정한다. 이렇게 측정한 데이터를 클라우드에 전송하면 온도, 습도, 자외선 지수 등 피부 상태에 영향을 주는 외부 요소들을 함께 분석해 그날의 피부 상태에 딱 맞는 화장수를 제안해준다.

서비스 가격은 한 달에 1만 엔으로 서비스를 신청하면 화장수를 만들어 주는 전용 기기와 5종류의 화장수 원액이 집에 도착한다. 전용 기기 안에는 5가지의 원액이 들어간 카트리지가 있고, 이 원액들을 조합해 매일 다른 화장수를 만들어 주는 것이다. 시세이도는 약 8만 개의 조합 패턴을 개발했고, 그중 고객의 피부에 가장 적합한 패턴을 알려준다. 특정 원액이 떨어지면 시세이도가 알아서 배송까지 해준다.

시세이도는 일과 가사를 동시에 하는 바쁜 여성들을 주 고객으로 타기팅했다. 2019년 시세이도가 수도권에 거주하는 20~50대 직장 여성 200명을 대상으로 실시한 자체 설문조사에 의하면 70%가 넘는 여성들이 일과 가정을 양립하느라 제대로 된 스킨케어를 못 하고 있으며, 수면 시간도 불규칙해 피부 트러블을 일으키는 경우가 많다고 응답했다.

시세이도의 스기야마 시게카즈杉山 繁和 대표는 "현대의 여성들은 바쁘다. 스킨케어는 옵튠에게 맡기고 고객들은 일이나, 육아, 혹은 자신의 취미에 시간을 더 많이 할애하면 좋겠다"라며 옵튠을 개발한 계기를 설명한다.

서비스의 의도는 좋았지만, 결과적으로 옵튠은 1년 만에 서비스를 철수하게 됐다. 그 이유는 크게 2가지로 분석된다.

첫 번째는 높은 가격대다. 옵튠의 서비스 가격은 한 달에 1만 엔(약 10만 6,000원)에 달한다. 화장수 한 품목에 10만 원을 투자하는 것에 부담을 느끼는 여성들이 꽤 많았다.

두 번째로 매일 자신의 피부를 촬영하는 것이 귀찮게 느껴진다는 고객들의 목소리가 있었다. 매일 자신의 피부를 촬영하는 것이 습관으로 자리 잡지 않는다며 옵튠 서비스를 해약하는 고객이 늘어났다. 바쁜 직장 여성을 주된 타깃으로 했으나, 도리어 이들에게는 서비스를 이용하기 위한 프로세스 자체가 번거로운 과정이 돼버린 것이다. 만약 고객들이 화장수를 옵튠으로 바꿈으로써 눈에 띌 만한 효과를 실감했다면 피부를 촬영하는 '번거로움'이라는 심리적 허들이 낮아졌을 수도 있다. 하지만 화장수 하나만으로 스킨케어에서 극적인 효과를 기대하기 어려웠고, 이 점도 고객들이 서비스를 지속하지 않는 이유 중 하나였다.

비록 시세이도는 단기간에 옵튠 서비스를 종료했지만 옵튠의 개발을 진행한 브랜드 매니저 가와사키 미치후미川崎道文는 옵튠을 통해 고객의 행동을 더 잘 이해할 수 있는 계기가 됐다고 말한다. 일반적인 화장품의 판매 방식으로는 고객의 화장품 사용 행동에 관한 정보를 얻을 수 없다. 단순히 언제 어떤 제품을 구매했는지 등의 정보만 알 수 있을 뿐이다. 가와사키는 "지금까지는 고객이 구매한 화장품을 다 사용했는지, 마음에 안 들어서 조금 쓰고 집에 내버려 두는지 등 구매 이후의 행동에 관해서는 전혀 알 수가 없었다. 하지만 옵튠은 고객이 제품을

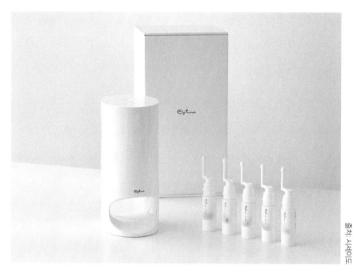

높은 가격대와 사용의 번거로움으로 인해 1년 만에 서비스를 종료한 시세이도의 옵튠. 하지만 시세이도는 옵튠의 사례를 통해 고객의 '사용 경험'과 '행동 데이터'에 집중하는 마케팅 인사이트를 얻을 수 있었다고 말한다.

언제 어떻게 얼마큼 사용하는지 파악하는 것이 가능하다"라며 "한 사람 한 사람의 행동 데이터를 분석함으로써 고객과 피부에 대해 더욱 깊이 이해할 수 있었다"라고 설명했다.

기존의 마케팅은 고객의 재구매를 촉진하거나 구매하는 품목을 늘리는 것이 주된 목적이다. 그러나 시세이도는 고객이 매일 기분 좋게 제품을 사용하는 것을 마케팅의 목표로 하고 있다. 이에 맞춰 앞으로 시세이도는 갑자기 사용을 그만둔 고객에게 어떻게 접근하면 좋을지, 계속 제품을 사용하는 고객에게는 어떻게 커뮤니케이션하면 좋을지 등 이전에는 파악하지 못했던 고객의 '사용 경험'을 극대화하는 방향으로 마케팅의 전략을 바꿀 것이다.

시세이도는 '뷰티의 서비스화^{Beauty as a Service}', 즉 단지 화장품을 판매하는 것이 아니라 뷰티에 관한 해결책을 제공하는 서비스 회사로 이행하는 것을 목표로 한다. 이러한 비전을 실현하기 위해서 시세이도는 고객과 직접 소통하는 D2C 브랜드가 꼭 필요하다고 강조한다. 야심 차게 준비한 옵튠 구독 서비스가 비록 괄목할 만한 성과를 거두지는 못했지만, 이 경험을 활용해 시세이도는 더욱 개선된 서비스를 선보일 계획이다.

고객의 입맛까지
찾아주는 서비스

식품 구독, 편리함을 넘어 고객 개인의 입맛까지 잡다

•

구독경제는 식품 영역까지 빠르게 퍼지고 있다. 식품은 뷰티 및 패션 제품에 비해 단가가 낮고 실패에 대한 심리적 부담이 적어 고객들이 쉽게 구독을 시작할 수 있는 분야다.

롯데제과는 과자 구독 서비스인 월간과자(소확행팩 월 9,900원, 마니아팩 월 1만 9,800원)와 아이스크림 구독 서비스인 월간아이스(월 1만 4,900원)를 출시했다. 이를 통해 고객은 매달 다르게 구성된 롯데제과의 제품을 받아볼 수 있다.

국내의 대표적인 베이커리 프랜차이즈 업체들은 바쁜 직장인을 타깃으로 한 구독 서비스를 선보이고 있다. 뚜레쥬르는 2020년 7월 커피 구독권, 프리미엄 식빵 구독권, 모닝세트 구독권 총 3종류의 월간 구독 서비스를 론칭했다. 구독권을 이용

국내 최초의 과자 구독 서비스인 롯데제과의 월간과자.

하면 식빵과 커피 등을 정상가보다 50~80%까지 저렴한 가격에 이용 가능하다. 파리바게뜨의 월간 구독 서비스 또한 매달일정 금액을 지불하면 매일 신선한 커피와 샌드위치를 맛볼 수 있다. 각 구독권에 따라 커피의 경우 월 20회와 월 30회 이용권이 있고, 샌드위치는 월 15회 이용권이 있다.

백화점들은 과일을 고객 대신 골라서 정기적으로 보내주거나, 빵 혹은 반찬을 매주 정기적으로 보내주는 서비스를 속속 선보이고 있다. 식품 구독 서비스들은 매일 소비하는 제품을 정기적으로 보내줌으로써 고객이 매번 슈퍼마켓에 가거나 혹은 온라인으로 주문해야 하는 번거로움을 없애 준다. 이렇듯 국내의 식품 구독 서비스는 편리함, 경제적 이득을 핵심 가치로 내세우며 고객들을 불러모으고 있다.

하지만 구독 서비스의 종류가 다양해지고 고도화되면서 식품 영역에서도 편리함과 가성비를 넘어 나만을 위한 제품, 나의 입맛을 저격한 맞춤형 구독 서비스가 등장하고 있다. 시중에서 쉽게 사 먹었던 조미료를 내 기호에 맞게 직접 만들거나, 취향을 저격한 '나만의 스낵 박스'를 제공하는 등 새로운 아이디어로 무장한 구독 서비스들이 고객들의 입맛을 자극하고 있다.

신선함까지 체험하다, 직접 발효시켜 만드는 나만의 간장

•

일본의 간장 제조업체인 키코만Kikkoman은 2019년 9월 간장 배양 구독 서비스인 보틀브루Bottle Brew를 선보였다.

간장을 집에서 발효시켜 향이나 맛의 변화를 체험하면서 자신만의 간장을 만드는 서비스다. 보틀브루는 우선 시험 버전으로 2019년 9월부터 3개월간 200명의 회원 등록을 목표로 했

이미 업계 1위의 간장 제조업체인 키코만은 왜 굳이 간장 배양 구독 서비스인 보틀브루를 론칭한 것일까?

으나, 예상보다 많은 사람들이 서비스를 신청하며 큰 주목을 받았다.

보틀브루의 구독료는 첫 달만 스타터 키트를 포함해 3,300엔(약 3만 5,000원)이고 그 이후부터는 월 1,100엔(약 1만 2,000원)이다. 1개월분의 간장을 만들 수 있는 원액이 집으로 도착하면, 고객은 원액을 가지고 직접 간장을 발효시키며 약 일주일마다 변화하는 간장의 향이나 맛을 즐긴다.

키코만은 일본 내 약 30%의 시장 점유율을 차지하는 업계 1위의 간장 제조업체다. 간장을 만들어서 팔기만 해도 충분히 수익을 창출하는 것이 가능한 키코만이 왜 굳이 간장을 집에서 발효시키는 구독 서비스를 출시한 것일까?

간장은 일본 식문화에 있어 기본이 되는 소스다. 모든 일식은 간장을 베이스로 해 만들어진다. 하지만 점점 일본 가정 내 간장 소비가 줄어들고 있다. 일본의 1인당 간장 소비량은 1973년 11.9L에서 2018년 6.0L까지 약 절반으로 감소했고, 1990년대 약 120만 kL 수준을 유지하던 간장 출하량 또한 2000년 이후에는 100만 kL를 하회하기 시작, 현재까지도 지속해서 감소 중이다. 이는 가정 내에서 요리하는 횟수가 줄어들고, 식문화가 다양화되면서 간장이 필요 없는 서양식이나 외국 음식을 선호하는 사람들이 늘었기 때문이다.

이렇듯 간장 소비는 줄어들고 있는 반면에 간장을 선택하는 고객들의 취향은 더욱더 까다로워졌다. 최근 신선도를 유지하도록 설계된 병에 든 간장이 폭발적인 히트 상품이 되는 등 신선한 간장에 대한 니즈는 점점 높아지고 있다.

키코만은 고객의 새로운 니즈인 '신선도'에 착안해 단순히 간장을 제조해 판매하는 것을 넘어 '간장의 신선함을 체험'할 수 있는 서비스를 만든 것이다. 집에서 발효시켜 만든 신선한 상태의 간장을 바로 요리에 사용할 수 있다는 점, 발효 상태에 따라 제각각 달라지는 간장의 맛을 취향에 맞게 사용할 수 있다는 점을 어필하고 있다. 키코만은 간장에 신선함과 취향을 부여해 새로운 가치를 만든 것이다.

한 가지 흥미로운 점은 보틀브루 서비스를 구독하기 위해서 고객은 꼭 오프라인 체험회에 참가해야 한다는 것이다. 이는 '간장 배양'이라는 새로운 경험을 고객에게 전달하고 고객이 체험하는 서비스의 품질을 관리하기 위해서다.

서비스 출시 전 키코만은 타깃 고객을 대상으로 평가회를 진행했는데, 간장을 직접 발효시키는 방법을 이해하지 못한 고객으로부터 문의가 많았다. 키코만은 간장 발효 방법을 자세히 설명한 가이드북을 제작했으나 가이드북만으로는 알기 어렵다는 의견도 속속 등장했다. 이에 따라 키코만은 체험회를 기획해 간장을 발효시키는 방법과 발효 정도에 맞게 간장을 활용하는 방법을 전수하기로 했다.

보틀브루는 간장이 아닌 발효액을 송부하고 고객이 집에서 발효하기 때문에 키코만이 직접 발효 과정을 관리하기가 어렵다. 고객이 간장을 제대로 발효시키지 못하면 이는 제품과 서비스 경험에 바로 영향을 미친다. 그뿐만 아니라 간장을 제대로 발효시켰음에도 불구하고 발효 정도에 적합하게 사용하지 않을 경우에도 서비스에 대한 만족도가 떨어진다.

따라서 키코만은 간장을 활용한 다양한 레시피를 제공하며 고객이 발효된 간장을 잘 사용하도록 힘을 쏟고 있다. 또한 일반인은 알기 어려운 간장의 활용법도 제안하는데, 예를 들면 망고와 파인애플을 간장에 담근 음식을 시연하기도 한다. 여기에는 간장 시장을 확대하기 위한 의도가 숨어있다. 보틀브루의 한 관계자는 "간장이라면 짠맛을 내기 위해 사용하는 조미료의 이미지가 강하나, 실제로 간장은 달콤한 디저트와도 잘 어울린다. 사용법을 고정해버리면 시장이 성장하지 않는다"라며 키코만이 다양한 레시피 개발에 힘쓰고 있음을 강조한다.

체험회에 참가한 후에 보틀브루를 구독한 사람의 비율은 80~90% 정도다. 본래 라이프스타일에 관심이 많은 여성을 타깃 고객으로 설정했으나 체험회 참가자 중에는 의외로 남성도 많았다고 한다.

이미 만들어진 간장을 단순히 제공하는 것이 아니라, 관점을 바꿔 '간장을 만드는 과정을 체험하는 서비스'로서 구독 서비스를 설계한 점이 매우 흥미롭다. 보틀브루는 제품을 고객이 직접 만들게 함으로써 간장의 신선함이라는 새로운 가치를 전달한다. 최근 건강에 대한 관심이 증가하면서 먹거리의 안전성에 대한 니즈도 높아지고 있는데, 내가 먹는 제품을 직접 만드는 체험은 재미에 더해 안심감이라는 가치까지 전달한다.

보틀브루에게 앞으로 남은 과제는 제품을 발효시키는 과정 내에서 고객 경험을 관리하는 것이다. 프로세스 하나하나가 고객 경험을 형성하기 때문에 이를 잘 관리하지 못하면 역으로 고객의 만족도가 떨어질 수 있다. 비단 보틀브루뿐만이 아니다. 구독 서비스는 일회적인 판매가 아니라, 지속해서 고객과

수제 간장 특유의 풍미뿐만 아니라 간장이 완성되어 가는 과정 자체를 즐길 수 있는
보틀브루.

소통하는 서비스기 때문에 고객과 접점이 발생하는 모든 프로세스를 관리하는 것이 중요하다. 이 과정을 통해 기업은 기존의 판매 방식으로는 파악할 수 없었던 고객의 행동을 발견하고 이해하는 단서를 얻을 수 있다.

위드 코로나 시대, 모두의 건강을 지키는 맞춤형 스무디

•

일본의 맞춤형 스무디 구독 서비스인 그린스푼Green Spoon이 론칭된 2020년 3월, 코로나19가 전 세계적으로 퍼지기 시작했다. 재택근무가 증가하고 집에서 지내는 시간이 길어지면서 운동 부족을 고민하는 사람들이 늘어났고, 건강관리에 대한 관심도 높아졌다. 이 같은 상황에서 그린스푼은 서비스 출범 후 반년 만에 누계 판매량 13만 개를 돌파하며 히트 상품으로 자리잡았다.

그린스푼은 고객 한 명 한 명의 니즈에 맞는 스무디를 만들어주는 서비스다. '다이어트를 하고 싶다', '근력을 키우고 싶다', '몸이 차갑다' 등 5가지의 신체 건강과 관련한 고민과 음주 빈도, 수면량, 생선 및 육류 섭취량과 같은 5가지의 생활 습관을 조합해 개발한 25개의 스무디 레시피 중에서 고객에게 가장 적합한 상품을 정기적으로 보내준다.

그린스푼은 서비스를 기획하면서 주력 고객으로 설정한 30~40대 여성을 대상으로 설문조사를 실시했고 그들이 주로 언급한 고민을 해결해주는 레시피 개발에 중점을 뒀다. 고객은 홈페이지에서 자신의 신체 컨디션에 대한 고민이나 생활 습관, 채소 섭취량, 알레르기의 유무, 좋아하지 않는 식재료 등에 관한 질문에 답한다. 그 결과를 기초로 그린스푼은 몇 가지 스무디를 추천해주며, 고객은 추천된 스무디 중 마시고 싶은 것을 선택해 주문한다. 예를 들어, 근력 증강을 목표로 하는 사람을 대상으로 만든 스무디인 'Be HERO'는 단백질을 많이 포함한 식재료 혹은 단백질의 합성이나 분해를 돕는 성분을 포함한 식재료를 사용하고 있다.

그린스푼은 스무디 1개당 1,000엔 이하의 가격을 목표로 한다. 일본의 번화가에 있는 스무디 전문점의 경우 스무디 1개에 1,000엔이 넘는 반면 편의점에서 판매되는 스무디는 약 200~300엔 정도로 가격 차이가 크다. 그린스푼은 그 사이의 가격대를 설정했다. 월 8개의 스무디를 배송받는 경우에는 7,200엔(약 7만 7,000원), 12개는 1만 500엔(약 11만 2,000원), 20개는 1만 6,800엔(약 17만 9,000원)으로 1개당 가격은 1,000엔 이하다.

품질 좋은 재료를 사용하면서도 적정한 가격을 유지하기 위해서 그린스푼은 오사카시 동부 중앙 도매시장 내에 공장을 설

그린스푼 창업자 타나베는 "집에서 하는 헬스케어 사업으로 승부
를 걸고 싶어 사업을 시작했다. 우연히 겹친 코로나19의 확산이
사업 확대의 순풍이 됐다"라고 말한다.

치했다. 스무디에 필요한 식재료를 신선한 상태로 구매 및 보관할 수 있을 뿐 아니라 원가 상승을 억제하는 것이 가능하기 때문이다. 스무디 레시피는 60종류의 채소, 과일, 슈퍼푸드를 조합해 만든다. 컵에 재료를 담아 배송하면 고객은 거기에 물이나 음료를 더해 믹서기에 갈아서 직접 스무디를 만든다. 고객이 직접 스무디를 만드는 과정이 조금 번거로울 수도 있지만 그린스푼은 일부러 고객이 스무디를 만들도록 서비스를 설계했다. '영양소'와 '체험'이라는 2가지 이유 때문이다.

시중에 판매되는 스무디의 경우 대부분 제조과정에서 채소를 가열하는데, 이 단계에서 채소가 가진 영양소가 파괴되는 경우가 많다. 따라서 그린스푼은 적당한 크기로 자른 채소나 과일을 순간 냉동해 영양소를 보존한 상태로 고객에게 배달함으로써 영양소를 그대로 섭취할 수 있도록 했다.

다음으로 그린스푼이 어떻게 고객 체험을 설계했는지 살펴보자. 앞서 소개한 콘스텔라가 헤어 케어 제품을 고객이 직접 배합하게 함으로써 제품에 대한 애착심을 높인 것과 비슷한 맥락으로, 고객은 직접 스무디를 만드는 경험을 통해 '내가 만든 스무디'라는 애착을 갖게 된다. 또한 그린스푼은 건강에 대한 관심이 높은 사람들을 타깃으로 하고 있는데, 이들은 컵에 담긴 채소나 과일을 직접 스무디로 만드는 체험 자체가 건강에 대한 자신의 높은 관심을 표현한다고 생각한다. 그러한 이미지를 전달하기 위해 자신이 스무디를 만드는 모습이나 만들어진 스무디를 SNS에 올리는 고객이 많은데, 이를 통해 자연스럽게 그린스푼이 광고된다.

인스타그램에 올리고 싶을 정도로 예쁜 패키지 또한 고객 체험을 위한 장치다. 그린스푼의 패키지는 마치 파인트 사이즈의 아이스크림 컵과 비슷한데, 컵의 디자인에 많은 신경을 썼다. 예를 들어, 수면 시간이 부족한 고객을 위해 만든 스무디인 'Sleep tight'에는 방에서 자고 있는 사람을 귀엽게 표현한 일러스트를 그려 넣었다. 스무디 종류별로 알맞은 네이밍을 하고 각각의 이름에 어울리도록 재치 있게 디자인한 일러스트가 예쁘다며 패키지 사진을 SNS에 올리는 고객들이 많다. 그린스푼은 광고를 거의 하지 않고 있음에도 불구하고 회원이 지속해서 늘고 있는데 이들 대부분이 SNS에 올라온 사진을 통해 그린스푼을 알게 된 경우다.

한편 그린스푼은 스무디를 따뜻하게 데워 꿀을 넣거나 요구르트를 더하는 등 스무디를 즐기는 다양한 방법을 고객에게 소개하고 있다. 고객들이 습관적으로 스무디를 마시도록 하는 것이 무엇보다 중요하기 때문이다. 집으로 배달된 스무디를 다 마시지 않으면 서비스가 불필요하다고 생각돼 해약으로 연결될 가능성이 높다.

신제품 개발로 이어지는 고객의 목소리

•

그린스푼은 고객의 목소리에도 항상 귀를 기울인다. 중간 유통을 거치지 않고 상품을 고객에게 직접 판매하는 D2C 사업의 이점은 고객의 니즈를 직접 들을 수 있다는 것이다. 그린스푼의 대표 타나베 토노모리田邊友則는 사업을 시작한 후 지속적으로 화상회의 시스템을 통해 고객의 의견을 듣고, 피드백을 수렴해 상품 개선에 활용하고 있다. 예를 들어, 아침 식사 대용으로 스무디를 마시는 고객들이 매일 아침 마실 수 있도록 월 30개 플랜이 있으면 좋겠다는 의견을 전달하자, 이를 반영해 월 30개짜리 요금제를 만들었다. 또한 패키지는 귀엽지만 냉동실에 공간이 부족해 추가 주문하는 것이 어렵다는 의견을 반영해 보관이 용이하도록 4cm 두께의 파우치처럼 생긴 패키지도 만들었다.

고객의 의견은 새로운 제품과 서비스의 개발로도 이어진다. 타나베가 고객들에게 현재 그린스푼의 콘셉트를 유지하면서 다른 상품을 만든다면 어떤 제품이 좋을지 설문한 결과, 압도적으로 많은 고객이 수프라고 응답했다. 이에 따라 2020년 11월 두 번째 아이템으로 개인별 맞춤형 수프를 출시했다.

그린스푼의 맞춤형 수프는 집에서 식사 대용으로 간편히 먹을 수 있는 냉동 수프로 100mL의 물이나 우유, 혹은 두유

그린스푼의 재치 있는 상품명과 패키지의 예쁜 일러스트는 고객에게 즐거움을 선사하는 장치다. 이 같은 고객 경험은 SNS상에서 고객들의 자발적인 제품 홍보로 이어진다.

를 부어 전자레인지로 가열하면 완성된다. 전문 영양관리사가 200종류 이상의 원재료로부터 영양소나 식재료의 밸런스를 계산해 레시피를 만들고, 고객별로 부족한 영양소를 보충할 수 있는 최적의 수프를 골라 매달 보내준다. 수프 또한 스무디와 마찬가지로 '퍼스널 진단'에서 시작하며, 고객은 평소 식습관, 식재료 기호, 알레르기 유무 등에 관한 질문에 응답한다. 피부 고민, 근력 향상, 다이어트, 피로 회복 등 5가지의 신체와 관련된 고민과 스트레스 과다, 육류 섭취 부족, 채소 부족 등 5가지 생활 습관을 조합해 15가지 종류의 수프를 제공한다. 인공

감미료, 보존료, 착색료, 향료, 화학조미료는 사용하지 않고 영양가를 유지하기 위해 급속으로 냉동하는데, 고객이 집에서 해동해 먹을 때 냉동 수프라고 느껴지지 않을 정도의 식감을 내기 위해 재료의 투입량과 냉동 속도를 미세하게 조정해 나가는 과정을 거친다. 타나베는 스무디보다 수프를 만드는 과정이 10배는 더 힘들었다고 전한다.

맞춤형 수프 구독 서비스의 가격은 월 8개에 7,200엔, 월 12개에 1만 500엔, 월 20개에 1만 6,800엔으로 스무디와 동일한데, 수프와 스무디를 조합해 구독하는 고객들도 많다. 게다가 수프는 전자레인지에 돌리기만 하면 완성되기 때문에 간편한 조리 방식을 선호하는 남성 고객도 크게 늘었다.

스무디와 마찬가지로 수프 또한 상품명과 제품 패키지에 공을 많이 들였다. 타나베는 "음식은 기능적인 면도 중요하지만 '맛있다' 혹은 '즐겁다'는 감성적인 가치도 중요하다고 생각한다. 그린스푼은 기능적인 면에서 고객을 만족시킬 뿐만 아니라 고객에게 정서적으로도 공감 받는 음식이 되고 싶다"라며 그 배경을 설명한다. 예를 들어, 채소 7종류가 들어간 미소시루(일본식 된장국) 수프에는 '다다이마Tadaima(귀가 시 하는 '다녀왔습니다'를 의미하는 인사말)'라는 이름을 붙여 업무를 끝내고 집에 들어와 한숨 돌리는 고객을 위한 메시지를 전달한다. 지중해 채소를 사용한 수프에는 '아브라카다브라Abracadabra'라는 이름을

그린스푼은 고객의 피드백을 반영해 두 번째 아이템으로 맞춤형 수프를 개발, 론칭했다.

붙이고 마녀 일러스트를 그려 넣어, 집에서 만들기 힘든 색다른 맛의 수프를 마녀가 부글부글 끓여주는 이미지를 연상시킨다. 이러한 상품명과 패키지의 일러스트는 모두 고객이 스무디나 수프를 구독하고 섭취하는 과정에서 즐거움을 경험하도록 연출하는 장치다.

"우리의 미션은 고객들의 식생활에 건강을 생각하는 셀프케어 식습관을 뿌리내리도록 하는 것이다. 이를 위해서는 스무디든 수프든 지속해서 섭취하지 않으면 안 된다. 운동도 즐겁지 않으면 지속될 수 없는 것처럼 고객이 그린스푼의 제품을 받는 순간 바로 즐거워지고 활기가 도는 체험을 설계하고 싶다"라며 타나베는 서비스 경험에 있어 즐거움을 강조한다.

기능적으로도 훌륭하면서 동시에 고객의 감성을 자극하는 그린스푼의 서비스는 20대 후반에서 30대의 여성들로부터 큰 인기를 얻어 2020년 12월, 창업 후 채 2년이 안 되는 시점에 누계 구독자 7,000명을 돌파했다.

나를 위한 작은 사치, 선물처럼 설레는 나만의 간식 박스

●

나만을 위한 간식을 정기적으로 배달해주는 구독 서비스인 스낵미snaq.me가 SNS 입소문을 통해 일본의 고객들에게 인기를 끌고 있다. 스낵미는 쿠키, 말린 과일, 견과류, 초콜릿 등 약 1,000종류의 간식거리 중에서 고객의 취향에 맞는 제품을 골라서 보내주는 '나만을 위한 간식 박스'다.

고객으로부터 받은 설문조사 결과를 바탕으로 스낵미가 자체적으로 개발한 알고리즘을 통해 고객의 취향에 맞는 8개의 간식거리를 엄선하고 이를 2주 혹은 4주 간격으로 보내준다. 이용자 수는 공개하지 않고 있으나 매달 5~10% 정도 성장 중인 것으로 예상된다.

현재 스낵미 이용자의 약 95%는 여성이다. 특히 25~45세 사이의 워킹맘이 대부분인데, 이들이 스낵미를 이용하는 이유는 '가게에 가서 과자를 사는 게 귀찮아서', '인터넷으로 일일이 주문하는 것보다 간편하니까'와 같은 편리함이 아니다. 이들은 '박스를 열었을 때 즐거워서' 스낵미를 구독한다고 말한다. 어떤 간식이 도착할지 모르는 설렘과 기대, 상자를 열었을 때의 즐거움, 평소에는 먹어보지 못하는 과자와의 만남, 나만을 위한 간식 박스라는 특별함 등 체험적 요소를 얻는 것이 스낵미를 구독하는 주된 목적이다.

고객들의 니즈인 '작은 사치'를 의식해 간식을 담는 박스는 매번 다른 디자인을 사용한다. 무엇이 도착할지 모르는 상태에서 매번 다른 아이템을 받아보는 형태의 구독 서비스는 SNS에 올리기 좋은 소재다. 박스가 도착하면 자연스럽게 SNS에 인증하는 사람이 많고, 올라온 사진을 보고 스낵미에 대한 신뢰가 쌓이면서 새롭게 회원으로 가입하는 사람도 많다.

스낵미를 창업한 신타로 핫토리服部慎太郎는 "단지 물건을 팔기만 해서는 인터넷의 아마존을 이길 수 없다. 편의점과도 경쟁해서 이길 수 없다. 그렇다면 편의점에서 배고픔을 달래기 위해 사는 과자와는 다른 '간식 체험'을 전달하는 서비스를 만들어야겠다고 생각했다"라며 창업 동기를 설명한다.

스낵미는 고객과 소통하기 위한 수단으로 SNS를 적극적으로 활용하고 있다. 이용자가 올린 사진에 창업자가 직접 일일이 '좋아요'를 누른다거나 서비스에 관한 질문에 대답하는 등 이용자와의 적극적인 커뮤니케이션을 중시한다. 이는 SNS를

고객들이 스낵미를 이용하는 데는 '편리함'보다 나를 위한 선물을 기대하는 '설렘'이 더 크게 작용한다.

통해 고객에게 직접 듣는 피드백이 서비스를 개선하는 데 중요한 자료가 되기 때문이다. 스낵미가 지금까지 구독자로부터 받은 피드백은 약 100만 건에 달한다.

고객으로부터 상품에 대한 평가를 얻기 위해서는 막대한 비용과 노력이 들어간다. 설문에 응답하면 기념품 혹은 포인트를 주는 등 고객이 적극적으로 의견을 전달하도록 만드는 장치가 필요하기 때문이다. 100만 건에 달하는 고객 의견을 무료로 얻을 수 있다는 점은 기업에 있어서 큰 장점이 된다.

스낵미는 고객으로부터 얻은 데이터를 활용해 상품을 기획하고 위탁 생산하며, 기존 상품의 10~20% 정도는 매달 리뉴얼을 진행한다. 자신의 의견이 반영된 간식이 집으로 도착할 때 고객들은 브랜드에 애착을 갖기 때문이다. 또한 스낵미는 지속해서 새로운 상품을 선보임으로써 고객들에게 다양한 체험을 제공하고자 노력한다.

구독이라는 비즈니스 형태는 제품을 만드는 생산자에게도 도움이 된다. 현재 스낵미는 약 60개 정도의 제과업체와 파트너십을 맺고 있다. 제과업체는 스낵미와 함께 일하면서 제품이 얼마나 필요한지 수요를 예측할 수 있기 때문에 반품 리스크를 떠안지 않아도 된다. 또한 자사 제품에 대한 피드백을 얻기도 쉽기 때문에 많은 제과업체들이 스낵미에 제품을 제공하고 싶어 한다. 스낵미는 과자처럼 저렴하고 어디서나 쉽게 살 수 있는 제품도 이를 어떻게 전달하고 어떤 스토리를 불어넣느냐에 따라 충분히 새로운 가치를 창출해낼 수 있음을 보여준다.

우리는 당신만큼이나 당신의 강아지를 사랑합니다

•

맞춤형 제품의 장점은 기능적 가치뿐만 아니라 감성적 가치에도 소구한다는 점이다. 개인의 니즈를 파악해 만들어진 맞춤형 제품은 시중에서 쉽게 만날 수 없는 기능을 포함하는 경우가 많다. 이에 더해 개인의 라이프스타일과 기호에 맞춰 만들어진 제품은 고객에게 '특별함'이라는 정서적 가치를 제공한다.

맞춤형 제품 중 일부는 제품에 주문자의 이름을 인쇄해 전달하는데, 이는 정서적 가치를 강조하는 방법 중 하나라고 볼 수 있다.

정서적 가치를 극대화하는 맞춤형 제품 및 서비스의 대표적인 사례로 반려견 사료 구독 서비스가 있다. '애완동물'에서 '반려동물'로의 용어 변화에서 알 수 있듯이 이제 개와 고양이는 정서적 친밀감을 주는 가족의 일원이 됐다. 반려동물 관련 시장 규모도 급격히 성장하고 있는데, 신한카드 빅데이터연구소에 의하면 반려동물을 둔 가구의 1인당 반려동물 관련 지출 금액이 2015년 20만 6,000원에서 2019년에는 26만 7,000원으로 증가했다. 시장이 확대됨에 따라 반려동물 용품도 프리미엄화가 진행되고 있으며 반려동물 보호자들의 마음을 사로잡을 만한 구독 서비스가 속속 등장하고 있다.

국내의 펫 라이프 브랜드 펫띵에서 운영하는 월간 펫띵은 한 달에 약 3~4만 원 정도의 가격을 지불하면 사료, 간식, 장난감 등의 반려동물 용품을 배송해준다. 국내 최초로 반려견 용품 정기배송 서비스를 시작한 깃컴퍼니의 베이컨 박스 역시 1~2만 원대의 저렴한 가격으로 매월 반려견 장난감과 맞춤 간식을 제공하고 있다. 2017년 1월 서비스 론칭 이후 8만 마리 이상의 반려견이 베이컨 박스를 만났다.

반려견을 가족처럼 생각하는 고객 중에는 '우리 사랑스러운

막내'를 위해 특별한 사료를 원하는 사람도 있을 것이다. 이러한 니즈를 반영해 개별 반려견을 위해 제작한 맞춤형 사료 및 수제 간식을 정기적으로 보내는 구독 모델도 인기를 끌고 있다. 국내의 리치즈 박스는 화학 첨가물이 없는 친환경 식재료로 제작한 맞춤형 수제 간식 구독 서비스다. '내츄럴 메이드, 화학 첨가물 프리, 반려견별 큐레이션 후 제조'라는 3가지 기본 원칙을 강조하는 리치즈 박스는 영업이익의 20%를 유기견 보호소에 후원한다. 이를 통해 자사 고객들을 '유기견의 든든한 후원자'로 포지셔닝하고 브랜드의 진정성을 확보하고 있다.

미국의 더 파머스 도그The Farmer's Dog 또한 반려견을 위해 최적의 사료를 맞춤형으로 만들어 주는 서비스를 제공한다. 사람이 먹어도 문제가 없는 재료로 사료를 제작하고 만든 후 3일 이내에 냉동 상태로 배달하기 때문에 보호자는 안심하고 반려견에게 사료를 먹일 수 있다. 미국 내에서 이미 매월 수백만 식 이상의 사료를 제공하고 있다.

더 파머스 도그는 서비스 신청 과정에서 고객의 감성적 가치를 충족함으로써 신뢰감을 형성한다. 고객이 신청 페이지에서 설문을 시작하면 가장 먼저 받는 질문은 기르는 반려견의 마릿수와 이름이다. 다음 페이지에서는 수컷인지 암컷인지를 묻고, 나이, 몸무게와 품종을 묻는다. 또한 자신의 강아지를 잘 표현한다고 생각되는 '귀여운', '바보 같은', '완고한' 등과 같은 형용사도 선택해야 한다. 고객은 "우리 아이의 이름은 몰리입니다. 몰리는 세 살이고 세상에서 제일 귀여운 요크셔테리어입니다"라고 더 파머스 도그에게 먼저 가족을 소개하는 셈이다. 비록 몇 개의 질문에 불과하지만 이러한 질문들을 통해 고객은 브랜드를 정서적으로 더 친근하게 느끼게 된다.

이어서 마른 편인지 비만인지, 활동적인지 얌전한지 등 식사 스타일에 영향을 미칠 항목에 관해 질문한다. 현재 먹이는 사료는 무엇이며, 음식 알레르기가 있는지, 변비 혹은 설사 기미가 있는지 건강 관련 사항도 묻는다. 마지막으로 소고기, 돼지고기, 칠면조 고기 중 하나를 고르거나 혹은 3종류의 고기를 모두 혼합한 메뉴를 고르면 강아지의 특성과 체질에 맞는 사료를 만들어 준다.

반려동물 관련 구독 서비스에 있어서 가장 중요한 요소는 반려동물의 보호자에게 '당신의 소중한 가족이자 베스트 프렌드인 반려동물을 우리가 얼마나 깊이 생각하고 있는지'를 알리는 것이다. 사실 반려동물 사료는 원하면 언제든 슈퍼에서 구매할 수 있다. 구독이라는 장기적이고 지속적인 관계를 맺기 위해서는 고객이 가지고 있는 상품 구매의 권리를 포기하도록 만들어야 하는데, 이를 위해서는 제품의 가치에 더해 '특별함'과 '신뢰'를 연출할 필요가 있다.

먼저 반려동물의 이름을 묻고 반려동물을 자세히 알아가기

반려견에게 좋은 것만 주고 싶은 보호자의 마음을 강조하는 리치즈 박스.

For the love
of dogs.

반려동물 사료 구독 서비스의 핵심은 신뢰감과 특별함이다. 고객들이 반려동물에게
안심하고 사료를 먹일 수 있어야 하는 것은 물론, 반려동물을 하나의 특별한 존재로
인식하고 있음을 보여주는 커뮤니케이션이 필요하다.

위해 몇 가지 질문을 하는 것은 사소하게 보일 수도 있지만 고객과의 신뢰를 구축하는 데 있어 매우 중요하다. 내 가족과 같은 반려동물의 사료를 선택하는 데는 신뢰감이 큰 영향을 미치기 때문이다. 반려동물과 같이 고객이 유난히 애착을 가지는 분야에서는 홈페이지상에서도 신뢰감과 친밀함을 전달할 수 있는 프로세스를 설계해야 한다. 고객의 마음을 움직이는 열쇠는 결국 "우리는 당신만큼이나 당신의 반려동물을 사랑합니다"라는 메시지다.

고객과 직접 소통하는
구독 서비스

맞춤형 구독 서비스 운영의 성공 포인트

•

Part 2에서 소개한 큐레이션 중심의 구독 서비스에 이어 이번 Part 3에서 소개한 맞춤형 구독 서비스 또한 자신들의 비즈니스를 제조가 아닌 서비스로 정의하고 있다. 샴푸, 영양제, 화장품, 스무디와 같은 제품을 정기적으로 보내주고 있으나 고객의 건강 상태 혹은 피부 상태를 체크하고 현재 가장 필요한 영양소를 알려주는 서비스가 비즈니스의 핵심이다. 고객 또한 상품 그 자체에 만족하기보다는 '맞춤'과 '진단'이라는 서비스를 얻기 위해 매달 구독 비용을 지불한다. 나만을 위해 만들어진 제품이 주는 '특별함'을 발견하고 이를 즐기는 것이다.

큐레이션형 구독 서비스와 맞춤형 구독 서비스를 논할 때 빠질 수 없는 것은 기업이 고객 한 사람 한 사람과 직접 소통하며 데이터를 수집한다는 점이다. 고객과 직접 연결돼 니즈를 파악하기 때문에 가장 적합한 제품의 추천 혹은 맞춤형 상품의 제작이 가능한 것이다. 또한 상품을 사용한 후의 피드백을 축적해 추천을 더욱 정교화하거나 보다 적합한 상품을 만들 수 있다. 이 같은 지속적인 서비스 개선은 고객 만족도를 높이는 요인이 되고 구독 서비스를 계속 이용하도록 이끈다. 그렇다면 이렇게 고객과 직접 소통하고 연결되는 구독 서비스를 설계하고 운영하면서 중요하게 고려해야 하는 포인트는 무엇일까.

첫 번째는 고객 데이터 관리다. 메뉴라의 미야마 대표는 "맞춤형 제품을 제공하는 사업을 운영하면서 가장 중요한 점은 CRM Customer Relationship Management(고객관계관리)이다. 고객 한 사람 한 사람의 아이디와 해당 고객을 위해 만든 상품의 히스토리, 상품을 이용한 후 고객의 평가가 모두 연결되고 관리돼야 한다"라며 고객 데이터 관리의 중요성을 강조한다. 또한 고객의 데이터를 브랜드 매니저뿐만 아니라 콜센터와 같은 CS Customer Service(고객 서비스) 부문에서도 접근할 수 있도록 시스템을 구성해야 한다. 고객으로부터 문의가 있을 경우, 고객에게 제공된 상품과 피드백 등을 즉시 파악할 수 없으면 적절한 대응을 하기 어렵기 때문이다. 즉, 데이터에 근거해 상품뿐만 아니라 프로세스, 커뮤니케이션을 모두 개인화하는 것이 중요한 포인트다.

메듀라의 미야마 대표는 맞춤형 구독 서비스의 성공을 위해서 고객 데이터 관리를 강조한다. 제품은 물론 제품과 서비스를 제공하는 프로세스와 커뮤니케이션까지 모두 데이터에 근거해 개인화될 때 고객의 만족도를 높일 수 있다.

두 번째로 고객의 니즈를 정확히 파악하는 것이다. 이는 다양한 상품을 제공하는 것보다 더욱 중요하다. 맞춤형 제품을 위한 설문 프로세스 솔루션 개발 업체인 슈퍼 스튜디오Super Studio에 의하면, 맞춤형 구독 서비스를 운영할 때 상품 수가 많은 것이 무조건 좋은 것은 아니라고 한다. 상품 종류가 수십 개밖에 없더라도 그중에서 고객에게 가장 적합한 상품을 선정해 보내는 것만으로 고객 경험의 만족도를 향상시킬 수 있다. 즉, 상품 수를 늘리는 것보다 먼저 고객의 취향을 충족시킬 수 있는 질 좋은 제품을 만들고 고객의 니즈를 제품과 매칭하는 논리를 설계하는 것이 가장 중요한 것이다.

제조 비용과 마케팅 비용이 낮아지면서 제품에 대한 아이디어가 있는 사람은 이전보다 훨씬 쉽게 맞춤형 구독 비즈니스를 시작할 수 있게 됐다. 그뿐만 아니라 서비스를 시작한 후 맞춤형 제품에 대한 노하우를 쌓고 어느 정도 고객이 확보되면 다른 제품으로 영역을 확장하는 것도 어렵지 않다. 실제로 앞서 소개한 메듀라와 후지미는 화장품과 마스크 팩 등으로 제품을 확장했고, 그린스푼 또한 맞춤형 수프로 사업을 확장했다. 고객과 일대일로 소통하며 깊은 관계를 구축하는 것이 가능하기 때문에 해당 브랜드에 신뢰를 가진 고객들은 쉽게 다른 제품도 시도해보게 되는 것이다.

Part 4

•

진화하는
구독경제

Subscription

Economy

한 달에 일주일 정도는 지금 내가 살고 있는 곳이 아닌 다른 곳에서 살아보면 어떨까? 매달 다른 자동차를 타는 것은? 퇴근길에 매일 다른 바에 들러 술을 한잔하는 것은 어떨까?

지금은 물건이 아닌 경험에서 더 큰 만족감을 얻는 시대다. 인류 역사상 어느 때보다 풍요로운 삶을 살아가는 우리들은 이제 물건이 아닌 나만의 특별한 경험을 원한다. 큰돈이 없는 사람도 고성능 스마트폰을 들고 다니고 몇만 원으로도 패셔니스타가 될 수 있는 시대다. 원하는 것은 무엇이든 집으로 배달받는 것도 가능하다. 특히 밀레니얼 세대들은 소유한 물건이 아닌 경험으로 자신의 정체성을 표현하는 경향이 짙다. SNS는 여행이나 새로운 취미 활동을 인증하는 사진들로 가득한데, 이는 요즘은 명품 가방을 드는 것보다 다양한 경험을 하는 라이프스타일이 더 멋있는 삶으로 여겨지기 때문일 것이다.

이러한 트렌드에 걸맞은 **새로운 경험**을 제공하는 구독 서비스가 인기를 끌고 있다. 경험의 폭을 넓히기 위해 사람들은 새로운 취미 활동을 시작하거나 새로운 사람을 만난다. 여행도 마찬가지로 최근에는 코로나19로 인해 주춤하지만, 한동안 여행지에서 현지인과 뒤섞여 살아보는 '한 달 살기'도 유행했다. 이렇게 경험을 확장하고자 할 때 우리는 매번 비용을 지불해야만 한다. 하지만 매달 일정한 금액을 내고 원할 때면 언제든 '새로운 경험'을 할 수 있다면 어떨까?

이런 니즈에 기반해 다양한 숙소, 식당 등과 제휴한 구독 서비스가 확산되고 있다. 큰 비용을 지불하지 않고도 원할 때마다 경험의 폭을 넓힐 수 있는 구독 서비스가 등장한 것이다. 이번 Part 4에서 소개할 구독 서비스들은 '새로운 경험'과 '구독 모델'이 합쳐진 또다른 비즈니스라는 점에서 눈여겨볼 가치가 있다. 고객들은 점점 물건보다 경험을 사고 싶어 하기 때문이다.

매달 다른 곳에서
살아본다면?

내가 사는 곳을 구독한다고? 주거 구독 서비스의 등장

•

다양한 장소에서 살아보는 것이 가능한 '주거 구독 서비스'라는 새로운 콘셉트의 비즈니스가 화제다. 아도레스^ADDress^는 주거를 구독이라는 형태로 선보인 일본 최초의 기업으로 월 4만 엔(약 42만 원)을 내면 아도레스가 운영하는 전국의 빈집이나 별장에서 머무는 것이 가능하다.

사례 1

도쿄의 IT 기업에 근무하는 다나카(38세)는 한 달에 한두 번, 주말이면 도쿄의 집을 떠나 수도권 교외에서 2~3일 정도 시간을 보내는 것이 습관이다. 처음에는 일본 내 다양한 지역을 즐겼으나, 최근에는 집에서 2시간 이내 거리인 가나가와현 북부의 키요가와라는 마을을 자주 방문한다.

아도레스를 통해 산과 강이 있는 지역에서 시간을 보낼 수 있어 기쁘다는 다나카는 "일에 파묻혀 지내는 도쿄를 떠나 자연이 풍부한 장소에서 지내고 싶은 바람은 누구에게나 있을 것"이라며, "아이들이 자연에서 마음껏 뛰어놀 수 있다는 점도 큰 수확이다. 물론 아내도 별장이 생긴 것 같다며 매우 만족한다"라고 말한다.

사례 2

프리랜서 작가이자 에디터인 고바야시(29세)는 서핑이 취미다. 한 달에 한 번은 서핑이 가능한 바닷가 근처로 여행을 가 서핑을 즐긴다. 마음 같아서는 매주 서핑을 가고 싶지만, 비용 때문에 주저하던 고바야시는 아도레스라는 서비스를 만난 후 열렬한 팬이 됐다. 요즘은 한 달에 한두 번은 5일씩 바닷가 근처에서 머물며, 오후 3시까지는 일하고 그 이후부터는 서핑에 매진하고 있다. 매일 똑같은 환경에서 벗어나 좋아하는 서핑을 하다 보면 창의적인 글감도 많이 떠오른다.

초기에 아도레스는 일하는 장소에 구애를 받지 않는 프리랜서를 주요 타깃 고객으로 서비스를 시작했다. 서비스를 구상할 당시 연령별로 고객을 타기팅하지는 않았지만, 실제로 아도

한화로 약 42만 원을 내면 아도레스가 운영하는 전국의 숙박 시설에 머무는 것이 가능하다.

2019년 4월 일본 전국의 13개 거점으로 서비스를 시작한 아도레스는 2021년 3월에는 약 130개까지 숙박 시설을 확대했다.

레스에 가입한 회원의 구성비를 살펴보면 20~40대가 전체의 70%를 차지한다. 주요 타깃으로 설정한 프리랜서뿐만 아니라 회사원의 비중도 약 20%에 달한다.

회원들이 아도레스의 홈페이지에서 집 혹은 방의 상태, 특징, 리뷰 등을 확인하고, 원하는 날짜를 정해 예약을 신청하면 관리자가 공실 현황을 체크한 후 예약 여부를 승인한다. 한 사람이 예약할 수 있는 최대 일수는 14일이며 한 집에서는 최대 7일간 체류하는 것이 가능하다. 예를 들어, 3일은 A 거점, 4일은 B 거점, 7일은 C 거점을 예약하는 것이 가능하고, A 거점에서 3일을 지낸 후에 다시 다른 거점 D를 3일 예약할 수 있다.

워케이션과 듀얼 라이프, 일하는 스타일이 바뀌고 있다

전 세계적으로 최근 '일하는 방식'이 많이 바뀌고 있다. 인터넷 서비스와 IT기술의 발달로 인해 집 혹은 원하는 곳에서 근무하는 것이 가능해지면서 재택근무 및 리모트 워크Remote Work를 허용하는 기업이 늘어나고 있다. 이에 따라 '워케이션Worcation' 이라는 용어도 자주 들을 수 있는데, 이는 일Work과 휴가Vacation를 혼합한 단어로 예를 들어, 가족들과 하와이에 2주간 여행을 가서 일주일은 업무를 보고 일주일은 휴가를 보내는 방식을 말한다. 최근 직장에 소속되지 않고 프리랜서로 일하는 사람도 증가하면서 사무실에 모여서 일해야 한다는 생각이 점점 진부해지고 있다.

코로나19 이전부터 일본의 젊은 층을 중심으로 도시가 아닌 지방에서 살아보고 싶은 니즈가 높아지고 있었다. 도시에서 태어나 자란 젊은이들은 편리하지만 모든 것이 획일화된 도시에서 벗어나 다양한 매력을 가진 지방을 체험하길 원한다.

코로나19의 확산은 이러한 트렌드를 가속화하고 있다. 이제 더 이상 어디에서 일하느냐가 중요하지 않게 됐다. 일하는 공간에 구애받지 않게 되면 다양한 지역과 공간에 머무르고 싶은 욕구가 생긴다. 내가 일하는 곳이 곧 사무실이 되는 환경 속에서 여행과 일을 구분하지 않는 사람들도 늘어났다. 낯선 환경에 자신을 노출하면서 새로운 아이디어를 얻기도 하고, 휴가 기간이 짧아 부랴부랴 사진 찍기에 바빴던 여행 대신 여행지에 길게 머물면서 현지인들과 어울릴 기회도 많아졌다. 론칭 초기에는 프리랜서나 개인사업자의 이용이 많았던 아도레스도 코로나19 확산 이후 젊은 직장인들의 신청이 급증하고 있다.

한편 코로나19 이전부터 일본에서는 지방에 대한 관심이 점차 높아지면서 듀얼 라이프Dual Life를 즐기는 사람의 수가 늘어나고 있다. 듀얼 라이프란 도심과 지방, 두 곳에 거점을 두고 생활하는 두 지역 살기를 의미한다. 일본에서 부동산 관련 서비스를 운영하는 리쿠르트 스마이컴퍼니의 조사에 의하면 듀얼 라이프를 즐기는 사람은 2011년 9만 7,000명에서 2018년에는 17만 명으로 확대됐다. 더욱 재미있는 점은 듀얼 라이프가 은퇴 후 경제적 여유가 있는 사람만을 위한 라이프스타일이 아니라는 점이다. 듀얼 라이프를 즐기는 사람의 58%는 20~30대다. 아도레스 대표 사벳토 타카시佐別当隆志 는 "젊은이들은 자신이 알지 못하는 새로운 것을 만나는 체험을 원한다. 그것을 실현하는 손쉬운 방법은 자신을 다른 장소로 옮겨놓는 것"이라며, "이런 트렌드로 인해 앞으로 주거 구독 서비스를 이용하는 고객들이 더욱 늘어날 거로 생각한다"라고 밝혔다.

이렇듯 듀얼 라이프에 대한 니즈와 관심은 점점 높아지고 있지만, 현실적으로 모든 사람이 지방에 별장을 가지기는 쉽지 않은 일이다. 이 같은 상황에서 주거 구독 서비스는 듀얼 라이프를 실현할 수 있는 수단으로 떠오르며 젊은 층의 주목을 받고 있다.

공간은 물론 로컬까지 확장되는 지역 경험

•

도심으로 인구가 집중되면서 지방에 속출하는 빈집은 그동안 일본의 큰 사회적 문제로 떠올랐다. 이를 해결하기 위한 노력으로 일본 정부는 지방의 빈집을 저렴한 비용으로 빌려 공유 오피스 및 셰어 하우스로 개조해 사업을 할 수 있도록 법을 개정했다. 아도레스 또한 지방의 빈집이나 별장을 주인으로부터 빌려서 개보수하고 인터넷과 가구를 구비한 후 회원에게 빌려주는 형태로 사업을 운영하고 있다.

아도레스가 인기를 끄는 이유는 회원들에게 단지 지방에서 살아볼 수 있는 공간을 빌려주기 때문만은 아니다. 아도레스의 거점 지역에는 '야모리家守'라고 불리는 집사와 같은 사람이 상주하면서 지역 주민과 아도레스 회원 간의 교류를 돕는다. 물론 색다른 곳에서 머무는 것 자체가 새로운 경험이지만 지역 주민과의 교류는 해당 지역을 더욱 깊이 경험할 수 있도록 해준다. "지역 주민이기 때문에 알 수 있는 정보에 대한 접근성을 높여, 고객에게 기존의 여행에서 얻을 수 없는 환경을 제공하고 싶다"라는 아도레스 대표의 말처럼 지역 주민과의 대화를 통해 아도레스 회원은 현지인만 아는 맛있는 음식점을 소개받거나 관광객들은 잘 모르는 숨겨진 명소를 돌아볼 수 있게 된다. 지역 주민과의 대화는 해당 지역에 대한 이해를 높여줄 뿐만 아니라 아도레스를 이용하는 회원이 지역에 대한 애착을 가지도록 돕고 결과적으로 그 지역을 자주 방문하게 만드는 역할을 한다.

아도레스는 숙소로 활용 가능한 공간의 수가 한정적이기 때

個性的な「家守（やもり）」
家守（やもり）とは、ADDressの家での生活をサポートするコミュニティマネージャーです。
家の管理をしながら、会員とコミュニケーションを取り、地域の方や会員同士の交流の架け橋となるADDressには欠かせない存在です。
千倉A邸の家守
魚と泳ぐシュノーケリング、動物との触れ合い、低山登り、農作業などの情報をご提供しています
南房総の家守
プロカメラマンとして、オススメ撮影スポットの紹介や魚釣り、忍者体験をご案内しています
清里の家守
ハイキング、神社巡り、狩猟、古民家DIYのご案内のほか、「移住者の方との交流の場」もセッティングできます
習志野の家守
江藤 元彦
生産性・効率性が求められる日常から離れ、学ぶ・遊ぶを習志野で実践し、新しい豊かさを体験しませんか
逗子邸の家守
逗子の海・森・山とともに「自然に帰る暮らし」をお伝えしています
출처: 아도레스

아도레스 회원과 지역 주민의 교류를 돕는 '야모리'는 로컬 체험을 가능하게 하는 중요한 역할을 한다.

문에 받을 수 있는 회원 수 또한 한정돼 있다. 현재는 20~40대를 중심으로 수백 명이 아도레스의 서비스를 이용하고 있으며 입회를 희망하는 대기자 수가 5,000명에 육박할 정도로 인기를 끌고 있다.

'주거 구독 서비스를 이용해 다양한 곳에 거점을 두고 살아가는 라이프스타일'이라면 싱글 라이프를 떠올리기 쉽다. 하지만 부모와 자녀가 함께 다양한 곳에서 삶을 즐기는 것도 불가능한 일은 아니다. 자녀 때문에 다른 지역에서의 중장기 체류가 불가능하다고 생각하는 사람들은 '듀얼 스쿨 제도'를 이용하면 된다. 듀얼 스쿨 제도란 주소를 둔 본거지 이외의 지역에 있는 학교에서도 학습을 허가하는 제도다. 시행된 지 얼마 안 돼 전국의 모든 학교에서 가능한 것은 아니지만 양 학교의 합의가 있으면 교육위원회에 간단한 신청만으로도 지방에서 초등학교에 다니는 것이 가능하다. 실제로 아도레스를 이용해 부모와 자녀가 함께 다 거점 생활을 즐기는 경우도 있다.

사례 3

타츠야(43세)는 창업 컨설턴트 및 세미나 강사로 일하는 프리랜서다. 아도레스라는 서비스가 생기기 전부터 일의 특성상 도쿄와 미야자키 두 곳에 거점을 두고 생활하고 있었다. 아내와 아이들은 미야자키에 주소를 두고 타츠야는 도쿄와 미야자키를 왔다 갔다 하며 생활했다. 타츠야는 아도레스를 이용하면서 도쿄를 넘어 다른 지역으로 일의 반경을 넓혔다. 미야자키의 집에는 월 10일 정도 머물고 나머지는 아도레스의 거점이 있는 지역들을 돌아다니며 생활한다.

타츠야는 지금껏 15회 정도 방문한 구마모토현의 타라기쵸라는 곳이 무척 마음에 들어 초등학교 6학년인 자녀를 함께 데려온 적도 많다. 마침 이곳의 야모리는 동네의 동사무소 직원이었고, 타츠야의 자녀에게 듀얼 스쿨 제도를 권유했다. 최근 타츠야의 자녀는 구마모토에 머무는 동안 그곳의 초등학교에 다니면서 새로운 친구를 사귀고 있다.

밀레니얼 세대를 중심으로 도시가 아닌 '지역'을 경험하고 '로컬'을 느끼고자 하는 사람들이 늘고 있다. 소유보다 경험을 중시하는 이들에게 있어 새로운 장소에서 만들어가는 기억은 잊을 수 없는 경험이 된다. 이들은 도시의 유명한 관광지나 박물관을 방문하는 것보다 잘 알려지지 않은 거리를 탐험하거나 현지인처럼 카페에서 여유로운 시간을 보내고 싶어 한다. 지금까지 이를 실현하기 위해서는 매번 교통수단과 숙박이라는 상품을 구매해야 했지만 주거 구독 서비스를 이용하면 이러한 경험을 손쉽게 누릴 수 있다.

국내는 좁아, 해외까지 이용 가능한 주거 구독 서비스

•

또 다른 주거 구독 서비스인 하프HafH는 일본을 넘어 해외로 경험을 확장한다. 2021년 3월 기준, 36개국의 500개 도시에서 735개의 거점을 운영 중이며, 거점 중 약 200개는 일본이 아닌 해외에 있다. 하프는 문화나 풍습이 다른 해외에 거주하면서 일하는 것을 통해 견문과 시야를 넓힐 수 있다는 점을 고객들에게 어필하고 있다.

하프의 타깃 고객은 아도레스와 마찬가지로 장소에 구애받지 않고 일하는 프리랜서다. 고객 후기를 살펴보면 아도레스에 비해 하프를 이용하는 고객의 연령대가 낮은 편이며 싱글이 많다. 해외에 거점을 가지고 있다는 점이 가벼운 마음으로 언제든 떠날 수 있는 싱글들에게 인기를 끄는 요인으로 보인다.

아도레스가 한 가지의 요금 체계로 단일화돼 있는 반면 하프는 고객에게 다양한 선택지를 제공하고 있다. 월 1만 6,000엔(약 17만 원)의 요금으로 5일간 체류가 가능한 '잠깐 플랜'부터 시작해 3만 2,000엔(약 34만 원)을 내고 월 10일간 체류가 가능한 '때때로 플랜'이 있으며, 한 달 내내 원하는 곳에서 체류가 가능한 '언제나 플랜'은 8만 2,000엔(약 86만 원)에 이용할 수 있다.

만약 매달 베트남이나 말레이시아에서 5일 정도 머무르고 싶은 고객이라면 잠깐 플랜을 먼저 시작해볼 수 있다. 월 1만 6,000엔이라는 금액으로 해외의 다양한 지역에서 매달 5일을 머무를 수 있다면 꽤 이득인 것 같은 느낌이다. 업무 자유도가 높고 여행을 좋아하는 사람이라면 때때로 플랜은 어떨까? 해외에서 5일, 국내 지방에서 5일을 지낸다고 가정했을 때 월 3만 2,000엔이라는 요금은 민박이나 호텔을 따로따로 찾는 것보다 저렴하다. 하프의 오오세라 료우大瀬良亮 대표는 "지금은 회사가 아닌 개인이 스스로의 커리어를 만들어 가는 시대다. 하프를 통해서 해외에서 일하고 현지인과 접촉하면서 자극을 받는 환경을 제공하고 싶다"라며 "서브스크립션을 통해 집은 한 군데라는 고정 관념을 깨고 싶다"라고 포부를 밝힌다.

주거 구독 비즈니스에 리스크가 없는 것은 아니다. 회원이 예약할 수 있는 주거 장소의 수가 한정돼 있기 때문에 예약이 꽉 차면 원하는 때에 원하는 장소를 사용하지 못하는 경우가 발생하며, 이는 서비스의 만족도를 저하시키는 요인이 된다. 이러한 이유로 아도레스와 하프 둘 다 인기 있는 지역의 거점을 확대하는 한편 회원이 예약할 수 있는 날짜의 수에 상한을 두고 있다. 또한 가동률이 낮은 거점의 매력을 적극적으로 알리거나 회원의 이용 상황을 분석해 지역이나 거점을 추천하는 기능을 추가하는 등 회원들이 이용하는 지역의 분산을 도모하고 있다.

경험을 확장하는 데 있어 사는 곳을 바꾸는 것만큼 좋은 방법은 없을 것이다. 매일 틀에 박힌 일상에서 벗어나 한 달에 한두 번은 새로운 사람들을 만나고, 새로운 음식을 먹어보고, 새로운 거리를 걷다 보면 내가 몰랐던 세상을 발견하게 된다. 아도레스나 하프와 같은 주거 구독 서비스를 이용하면 매번 숙박을 찾는 수고를 덜 수 있기 때문에 가벼운 마음으로 집을 나설 수 있다. 여행의 기회가 늘어나고 인생은 새로운 경험으로 가득 찰 것이다.

HafH
Global Coliving Platform

735 · 509 · 36

properties   cities   countries
     Where will your next *HafH* be?   & regions

출처: 하프

하프는 매달 수십 곳의 숙박 시설을 신규로 추가하고 있다. 2021
년 3월 기준, 하프를 통해 전 세계 500개 이상의 도시, 700곳 이
상의 거점에서 숙박할 수 있다.

Everything you need to know about HafH Coins

HafH Coin
Guidebook

출처: 하프

월간 고정 가격으로 주거 구독 서비스를 이용하는 하프의 고객들
은 '하프 코인' 제도를 통해 객실 업그레이드, 개인실 옵션 등 추
가 혜택을 제공받을 수 있다. 특이점은 하프 코인은 구매 및 양도
가 불가하다는 것이다. 고객들은 하프를 통해 숙박을 진행하거나
설문조사에 참여하는 등 서비스 이용 과정에서 자연스럽게 하프
코인을 획득하게 된다.

전국의 호텔을 구독하다

•

최근 주거 구독 서비스와 비슷한 콘셉트로 일본 전국의 호텔이나 민박 등을 정액제로 이용할 수 있는 서비스도 등장했다. 예상보다 호텔 구독 서비스를 찾는 고객들이 많은데, 대체 어떤 사람들이 호텔 서비스를 구독하고 있을까?

세계의 다른 대도시와 마찬가지로 도쿄와 같은 일본 도심의 부동산 가격은 매우 비싸다. 게다가 일본은 집이 좁기 때문에 더 넓은 집에서 살고 싶은 사람들은 도심에서 조금 벗어난 근교에 집을 장만한다. 이러한 사람들 중 직장과의 먼 통근 거리가 부담이 돼 평일에는 회사 근처에서 머무는 직장인들이 주로 호텔 구독 서비스를 찾고 있다.

회사원뿐만 아니라 프리랜서로 일하는 의사, 간호사, 요리사, 강사와 같은 전문직을 가진 사람들도 호텔 구독 서비스의 주된 고객이다. 직업의 특성상 특정 지역에서 짧게는 일주일 길게는 몇 달을 지내고, 특정 프로젝트가 끝나면 또다시 다른 지역으로 이동해야 하므로 이들은 어쩌면 집을 가질 필요가 없을지도 모른다.

도심의 호스텔 숙박 서비스를 제공하는 호스텔 라이프Hostel Life는 이러한 사람들의 니즈를 모두 충족시켜주기 위해 2가지 플랜을 운영하고 있다. 먼저 '두 거점 패스'는 평일에만 호텔

생활이 필요한 사람들을 위한 서비스다. 이름 그대로 집과 호텔, 두 군데에 거점을 두고 생활하는 사람들을 위한 서비스로 호스텔 라이프가 제공하는 시설 중 한 거점을 선택해야 한다. 자신이 선택한 거점에서 일요일부터 목요일까지 지내는 경우에는 1만 5,000엔(약 16만 원)에서 3만 엔(약 32만 원), 요일에 상관없이 언제든 머물고 싶은 사람은 2만 5,000엔(약 26만 원)에서 5만 엔(약 53만 원)을 지불한다. 자신이 선택한 거점 이외의 곳에서도 한 달에 5회까지 머무를 수 있다.

다음으로 '호스텔 플랜'은 장기 여행을 하거나 혹은 집을 아예 처분하고 호스텔에서 살기를 원하는 사람들을 위한 플랜이다. 호스텔 플랜은 도미토리에서 지내느냐 개인실을 원하느냐에 따라 가격이 다르다. 다른 사람과 방을 공유하는 도미토리 플랜은 월 4만 5,000엔(약 47만 원), 개인실을 이용하는 경우는 7만 5,000엔(약 79만 원)이다. 한 번에 30박까지 예약할 수 있으므로 4월에는 후쿠오카, 5월에는 오키나와, 6월에는 아오모리에서 지내는 것이 가능하다. 원격근무가 많은 사람, 지방의 여유로운 환경에서 몇 달간 지내면서 일하는 사람들이 주로 이용한다.

즉, 호스텔 플랜을 이용하면 한 달에 7만 5,000엔이라는 금액으로 매달 다르게 자신이 원하는 도시에서 살아갈 수 있다. 호스텔 플랜을 이용하는 사람 중에는 아예 집을 처분한 사람도

호스텔 라이프 요금제

(2021년 4월 기준)

구분	두 거점 패스		호스텔 플랜	
특징	월~목 이용 가능	전일 이용 가능	도미토리 이용	개인실 이용
월 구독료	1만 5,000엔~ 3만 엔	2만 5,000엔~ 5만 엔	4만 5,000엔	7만 5,000엔
1회 예약 가능일	2박	2박	30박	30박
이용 가능 시설	1개의 거점에서 무제한 숙박 가능 (지정한 거점 이외에서는 5박까지 숙박 가능)		전 시설에서 무제한 숙박 가능	

출처: 호스텔 라이프

있다. 이러한 사람들을 위해 호스텔 라이프는 행정적으로 거주지를 등록할 수 있도록 지원하고 짐을 맡아주거나 우편물을 받아주는 서비스도 제공한다.

아도레스 호퍼, 집 없이도 즐겁게 살아가는 사람들

•

주거 구독 서비스나 호스텔 라이프 같은 호텔 정액제 서비스를 이용하는 사람들 중 최근 일본에서 화제가 된 '아도레스 호퍼 Address hopper'라고 불리는 이들이 눈에 띈다. 단어가 의미하는 그대로 특정한 곳에 주소를 두지 않고, 유목민처럼 일정한 거처 없이 옮겨 다니며 사는 사람들이다. 이들은 직장에 다니며 경제력도 갖춘 사람들이지만 다양한 이유로 집을 가지지 않기로 선택했다. 일이 바빠서, 다양한 지역에서 살며 경험의 폭을 넓히고 싶어서, 집을 빌리고 관리비와 수도 요금 등 각종 공과금을 지불하는 것보다 주거 구독 서비스나 호텔 구독 서비스를 이용하는 것이 더 저렴해서 등 여러 이유로 집을 가지기를 거부한다.

예를 들어, 프리랜서 마케터로 다양한 고객사와 일을 하는 스즈키(30세)는 매일 늦은 야근으로 인해 집에 들어가도 거의 잠만 자고 나온다. 고객사가 지방인 경우에는 몇 주씩 지방에 머물러야 하는 경우도 있다. 가끔 일이 없을 때는 국내로 여행을 떠나곤 하기 때문에 집이 필요 없다고 느낄 때가 많다. 스즈키는 얼마 전 집 안의 짐들을 도쿄의 한 보관 서비스 업체에 맡기고 월세 계약을 해지했다. 캐리어 하나로 1개월 정도는 거뜬히 살아갈 수 있다. 세탁은 필요할 때 코인 세탁소에서 해결하면 된다. 아도레스 호퍼를 대상으로 필요한 서비스를 제공하는 업체들까지 등장해 크게 불편을 느끼지 않는다. 아도레스 호퍼를 위한 빨래 대행 서비스를 이용하면 거주지가 바뀌어도 묵는 곳까지 세탁한 옷을 배달해준다. 짐을 맡아 주는 서비스는 물론이고 주소지를 제공해주는 서비스를 이용하면 우편물을 받아볼 수도 있다. 최근에는 아도레스와 호스텔 라이프 모두 비슷한 서비스를 제공 중이다.

아도레스 호퍼는 우리에게는 아직은 생소한, 그리고 조금은 이해하기 힘든 사람들일지도 모른다. 하지만 이들이 '물건을 사지 않는 시대'의 구성원으로서 새롭게 등장하는 소비 가치관을 대변한다는 점은 분명하다. 이들은 집도 가구도 소유하지 않고 필요할 때는 무엇이든 빌려서 살아가는 삶이 가능하다는 것을 여실히 보여주고 있다.

취향을
구독하다

매달 다른 차를 골라 타다

•

공유경제와 구독경제의 등장으로 인해 많은 산업에서 지각 변동이 일어나고 있다. 자동차 산업도 예외는 아니다. 자동차를 만들어 판매하는 제조업이 아니라 이동수단을 제공하는 서비스업으로 산업의 정체성 자체가 바뀌고 있다.

여태까지 자동차는 '소유'한다는 개념이 강한 대상이었다. 어떤 자동차를 소유하느냐는 한 사람의 신분을 나타내기도 했다. 하지만 이제는 소비자들의 의식이 바뀌고 있다. 자동차를 '모빌리티 수단', 즉 이동을 위한 도구로 바라보기 시작한 것이다.

그 변화의 시작은 우버로 대표되는 차량 공유 서비스였다. 차량을 소유하지 않아도 스마트폰만 있으면 차량을 빌려 필요할 때 원하는 곳으로 가는 것이 가능해졌다.

소유의 대상이 아닌 이동을 위한 수단으로 자동차에 대한 인식이 바뀌면서 포드, 토요타, 현대자동차와 같은 완성차 제조업체들은 자동차 산업의 주된 플레이어 자리를 위협받고 있다. 이제 우버와 같은 모빌리티 서비스 사업에 필요한 수단을 제공하는, 마치 자동차 협력 업체들이 완성차 업체들에 부품을 공급하는 것과 같은 신세로 전락할 수도 있게 된 것이다.

매년 자동차 판매량은 감소하는 추세며, 우버는 상장 시에 이미 미국의 3대 완성차 기업(GM, 포드, 피아트 크라이슬러)의 시가총액을 합한 것보다 기업 가치를 더 높게 평가받았다. 이렇듯 업계가 빠르게 재편되고 있는 상황에서 완성차 업체들 또한 손 놓고 앉아 있을 수만은 없다.

완성된 자동차를 판매하는 것을 넘어 자동차를 구매하지 않는 고객들도 자동차를 이용하게 하고 이로부터 매출을 일으켜야 한다. '판매'가 아닌 '이용'으로 매출의 축을 변경하기 위해서는 구독 모델로의 비즈니스 방식 전환이 필요하다. 이 같은 인식을 바탕으로 국내외를 불문하고 대부분의 자동차 제조업체들이 월 수십만 원의 구독료를 내고 다양한 브랜드와 차종을 일정 주기로 골라 타는 방식의 구독 서비스를 시작했다.

해외에서는 BMW의 엑세스 바이 비엠더블유Access by BMW, 볼보의 케어 바이 볼보Care by Volvo, 포르쉐의 포르쉐 패스포트

원하는 차를 무제한으로 즐기는 현대자동차의 구독 서비스 현대 셀렉션.

Porsche Passport 등 주요 완성차 업체들이 구독 서비스를 론칭했다. 국내에서는 현대자동차가 현대 셀렉션을, 제네시스는 제네시스 스펙트럼을, 기아는 기아 플렉스를 운영하는 등 우리가 알고 있는 대부분의 자동차 회사들이 앞다투어 구독 서비스를 출시하고 있다.

예를 들어, 현대 셀렉션을 구독하는 고객은 요금제에 따라 정해진 횟수만큼 이용 중인 차량을 원하는 차종으로 교체할 수 있으며, 베이직 요금은 월 59만 원, 스탠더드는 75만 원, 프리미엄은 99만 원의 구독료를 지불한다. 구독 회원의 절반가량이 20~30대의 밀레니얼 세대다. 신차 구매 이전에 장기 시승을 경험해보고 싶은 사람이나, 신차와 새로운 서비스를 이용해

현대 셀렉션 요금제

(2021년 4월 기준)

구분	베이직	스탠더드	프리미엄
월 구독료	59만 원	75만 원	99만 원
선택 가능 차종	아반떼, 베뉴	쏘나타, 투싼 등 4종	그랜저 등 7종
차량 교체 가능	–	1회	2회
사용자 추가	–	1인	2인
주행거리		무제한	

출처: 현대자동차

보는 것을 좋아하는 사람, 그리고 결혼이나 출산 등 상황 변화로 인해 자동차가 필요한 이들이 주 고객이다. 특히 최근에는 코로나19로 인해 대중교통 이용에 부담을 느끼는 사람들도 현대 셀렉션을 많이 이용하고 있다.

리스와 렌트에서 한 단계 더 업그레이드

•

리스와 렌트 등 자동차를 구매하지 않고 필요할 때만 이용하는 서비스는 이미 존재했다. 이들과 차량 구독 서비스는 어떤 점이 다른 것일까.

리스와 렌트는 비용 측면에서 고객에게 혜택을 준다. 알다시피 자동차를 구매하면 다양한 부수비용이 발생한다. 주기적으로 소모품을 교체해야 할 뿐만 아니라 보험료, 유지비 등이 발생한다. 또한 자동차는 구매한 순간부터 감가상각이 발생하는 소모품이다. 리스 서비스는 이러한 부분에 있어서 불편함을 해소해준다. 리스 업체가 자동차의 소유권을 가지고 관련 비용을 부담하며 고객은 마치 장기 렌트와 같은 개념으로 자동차를 이용하는 것이다.

반면 차량 구독 서비스는 렌트나 리스의 장점을 취함과 동시에 여러 대의 차량을 취향이나 필요에 따라 바꿔 가며 이용할 수 있다는 점이 차별화 포인트이자 핵심 가치다. 구매에 따르는 절차와 경제적 부담은 줄이면서 차종을 골라 탈 수 있기 때문에 다양한 경험을 원하는 요즘 고객들의 니즈에 딱 맞는 서비스다.

자신의 라이프스타일과 상황에 맞춰 차량을 선택하는 것이 가능하므로 업무 시에는 고급 세단을 이용하고 레저를 즐길 경우에는 SUV로 바꿔 타면서 마치 몇 대의 차를 소유한 것과 같은 기분을 느낄 수 있다. 제조업체는 고객이 자사의 다양한 차량을 이용해보게 함으로써 장기적으로 브랜드 충성도를 높일 수 있다.

일본 최대의 자동차 제조업체인 토요타는 2019년 3월 킨토

출처: 킨토

토요타에서 선보인 차량 구독 서비스 킨토. 론칭 초기에는 '경험 확장'이라는 차량 구독 서비스의 핵심 가치를 제대로 전달하지 못해 고객들에게 큰 반응을 얻지 못했다.

KINTO라는 구독 서비스를 도쿄에서 시범적으로 시작한 후, 같은 해 7월부터 전국 규모로 확대했다. 하지만 예상보다 결과가 좋지 않았다. 시범 기간인 3~6월 4개월간 신청 건수는 83건, 7~11월 5개월간 신청 건수는 868건에 불과했다.

킨토의 실패 원인은 '경험 확장'이라는 차량 구독 서비스의 핵심 가치를 전달하지 못했기 때문이다. 킨토는 구독 기간인 3년 동안 같은 차종을 계속 타는 서비스였다. 이는 리스 혹은 할부 구매과 크게 다를 바가 없었는데, 그렇다고 리스나 할부 구매보다 가격이 매력적인 것도 아니었다. 매달 지불하는 구독 서비스 가격은 할부 구매와 비슷한 수준이었다. 계약금과 보험 가입이 필요 없다는 간편함을 이점으로 내세웠으나 구독 서비스를 시작하기 위한 충분한 동기가 되지 못했다. 킨토는 구독 서비스라 이름 붙였지만, 실상은 고객들이 느끼기에 할부로 자동차를 구매하는 것과 큰 차이가 없었던 것이다.

토요타의 자동차는 중고 시장에서 인기가 높기 때문에 3년 승차 후 되팔아도 다른 제조사에 비해 높은 금액을 받는다. 할부 구매는 3년 후 자동차를 소유할 수 있지만 구독 서비스는 자동차가 남지 않기 때문에 고객 입장에서는 도리어 구독 서비스가 손해라고 느껴지지도 했다. 즉, 구매보다 가격이 저렴하지도 않았고 다양한 차종을 타볼 수 있는 경험을 제공하는 것도 아니었던 킨토는 고객에게 가격 혹은 경험 확장이라는 명확한 가치를 제공하지 못했던 것이다.

반면 중고차를 구독 서비스로 제공하며 킨토보다 낮은 월 구독료를 책정한 볼보와 혼다는 성과가 있었다. 볼보는 외제차를 경험한다는 점에서, 혼다는 저가격이라는 점에서 확실한 이점이 있었던 것이다.

킨토는 서비스 출시 1년 뒤인 2020년 5월 구독 서비스의 내용을 수정했다. 3년 계약뿐만 아니라 5년 계약, 7년 계약을 신설했고, 3년 계약에 타이어 교환과 같은 부가 혜택을 추가해 고객들이 만족감을 느끼도록 했다. 무엇보다도 가장 큰 변화는 계약 후 1년 반이 지나면 언제라도 다른 차종으로 변경이 가능하도록 한 점이다. 이렇게 다양한 차량을 이용할 수 있게 하고 고객들이 피부로 느낄 수 있는 혜택을 추가한 후 킨토 서비스를 신청하는 사람들이 조금씩 늘고 있다.

홈코노미 시대, 그림으로 취향을 드러내다

•

밖에 나가지 않고 대부분의 소비 활동을 집에서 즐기는 '홈코노미Homeconomy'는 코로나19의 확산 전부터 떠오르는 트렌드 키워드 중 하나였다. 음식 배달, 홈트레이닝, 홈카페, 동영상 스트리밍 서비스 등 집에서 가능한 활동이 다양해지며 여유 시간을 집 밖이 아닌 집 안에서 보내고자 하는 사람들이 많아졌다. 집에서 보내는 시간이 늘어날수록 자연스럽게 집이라는 공간을 자신의 취향대로 꾸미고 싶어 하는 사람들의 니즈도 증가했다. 최근에는 비싼 가구를 구매하지 않고도 취향에 따라 혹은 계절에 따라 바꿔 사용할 수 있는 가구 구독 서비스도 쉽게 찾아볼 수 있다. 미국의 페더Feather, 일본의 에어룸airRoom, 한국의 미공 등이 가구 구독 서비스를 제공하는 대표적인 예다.

거실에 멋진 그림 한 점을 걸어 놓고 싶은 사람들도 늘고 있다. 하지만 그림은 인테리어 소품으로 활용하기에는 장벽이 높은 품목이다. 어떤 그림을 걸어야 할지도 모르겠고 어디서 구매하면 되는지도 모르는 경우가 많다.

아트 컴퍼니 핀즐은 이러한 니즈를 해결하고자 그림 구독 서비스를 시작했다. 핀즐을 창업한 진준화 대표는 "신혼집 인테리어 중 그림 구매를 알아보다가 높은 가격대와 낮은 접근성을 보고 사업을 구상하게 됐다"라고 전한다.

일반 고객이 그림을 구매할 수 있는 유통 경로는 한정적이다. 또한 음악이나 영화와는 다르게, 그림을 감상하는 문화가 대중적으로 자리 잡지 않았기 때문에 아직 자신의 취향을 잘 모르는 이들도 많다. 진준화 대표는《아시아 경제》와의 인터뷰에서 "미술 시장이 더 크게 성장하지 못하는 이유는 갤러리 중심의 유통이 실패했기 때문"이라고 지적한다. "음악, 영화, 책이 고객이 쉽게 소비할 수 있는 라이선스 구조로 옮겨와 폭발적으로 성장했듯이 미술 역시 소비와 유통을 확장해야 한다"라고 강조한다.

핀즐은 미술 작품을 특정인의 고급 취미가 아닌 누구나 편하게 즐길 수 있는 취미로 만들기 위해 그림을 구독의 형태로 제공하고 있다. 1만 5,000원이라는 구독료를 지불하면 회원은 매달 다른 외국 작가의 그림을 받아볼 수 있다. 이 금액은 그림에 대해 전혀 관심이 없던 일반 고객들도 쉽게 구독을 시작할 수 있는 가격대다. 어떻게 이렇게 부담 없는 구독료 설정이 가능한 것일까? 그것은 바로 국내에 소개된 적이 없는 외국 작가의 작품을 인쇄본으로 제공하고 있기 때문이다.

핀즐은 한국에 알려지지 않은 작가들의 작품을 한국 내에서 유통할 권리를 무료로 받아온다. 작가들은 자신의 작품을 한국 고객에게 알림과 동시에 작품을 팔 수 있는 시장 가능성을 보고 핀즐에게 그림의 유통권을 무상으로 제공하는 것이다. 핀즐

국내의 그림 구독 서비스 핀즐과 오픈갤러리는 미술 작품에 대한 일반 고객들의 진입 장벽을 확 낮췄다. 이처럼 구독 서비스를 이용한다면 합리적인 가격으로 자신의 취향과 안목을 얼마든지 표현할 수 있는 시대다.

이 한국에 소개되지 않은 작가를 중심으로 접촉하는 이유도 작가와의 원활한 협상을 위해서다. 즉, 작가들은 핀즐을 통해 한국 고객들과 만날 수 있고 핀즐은 그림을 유통할 권리를 얻으면서 서로에게 이득이 되는 계약을 체결하는 셈이다.

또한 디지털 작품을 만드는 작가가 많아서 그림을 배송하는 과정도 쉽다. 고해상도 원본 파일을 받아오거나 유화 작품의 경우 스캔을 해서 파일을 가져온다. 이를 인쇄해 고객에게 발송하는 것이다.

핀즐은 매달 새 작가를 소개한다는 쉽지 않은 원칙을 고수하고 있다. 이를 통해 고객들이 매달 새로운 기분을 느낄 수 있기 때문이다. 또한 지난 달에 화려한 그림을 보냈다면 이번 달에는 차분한 그림을 보내는 등 고객들이 질리지 않도록 그림 선정에 신경을 쓰고 있다.

국내의 또 다른 그림 구독 서비스 제공 업체인 오픈갤러리는 작가 1,000여 명의 작품 약 3만 점을 기반으로, 3개월 단위로 그림을 제공한다. 구독료는 그림의 크기에 따라 월 3만 원대부터 20만 원대까지 다양하다. 그림에 대한 취향이나 지식이 없어서 어떤 그림을 선택해야 할지 모르는 구독자에게는 큐레이터가 상담을 통해 그림을 추천해준다. 오픈갤러리 관계자는 "지금의 고객들은 자신의 취향을 알기 위해, 그리고 취향을 확고히 하기 위해 다양한 경험을 하고 싶어 한다"라며 그림 구

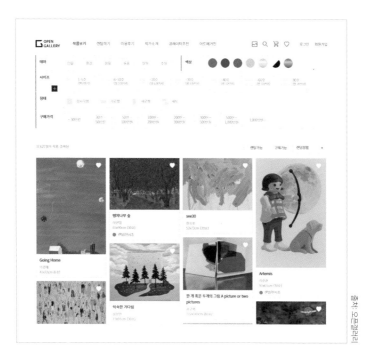

인기 작가의 작품을 원화 가격의 1~3% 수준에 구독할 수 있는 오픈갤러리. 보유 중인 작품과 작가 목록을 홈페이지에서 쉽게 확인할 수 있고, 작품 선택이 어려운 고객을 위해서 전문 큐레이터의 추천 서비스를 제공한다.

독은 이러한 트렌드에 부합하는 서비스라고 강조한다.

코로나19의 확산으로 인해 급격히 증가한 온라인 회의도 그림 구독 서비스에 긍정적인 영향을 미쳤다. 화상회의 시 보이는 집의 배경을 채우기 위해 그림 구독 서비스를 시작하는 사람들이 늘어난 것이다. 일본의 그림 구독 서비스인 카시에Casie

는 월 1,980엔(약 2만 1,000원)으로 약 7,000개의 작품을 매달 혹은 계절별로 교환하는 것이 가능하다. 코로나19가 확산되기 시작한 2020년 3~4월, 카시에의 회원 수가 4배로 급증했는데, 특히 남성 고객이 크게 늘었다. 여성들은 메이크업과 옷으로 취향이나 분위기를 연출할 수 있지만, 남성들은 화상회의 화면 상에서 자신의 취향을 드러내기가 쉽지 않다. 하지만 벽에 걸 린 멋진 그림 한 점으로 좋은 인상을 심어줄 수 있는 것이다.

매주 꽃 한 송이로 집 안을 화사하게

●

집 안의 분위기를 바꾸고 싶을 때 쉽게 시도해볼 수 있는 방법 의 하나는 바로 꽃을 활용하는 것이다. 꽃 한 송이로 공간의 전 체적인 분위기가 크게 달라질 수 있다. 큰 비용을 들이지 않고 쉽게 시작해볼 수 있다는 이점으로 인해 국내뿐만 아니라 미 국, 영국, 일본 등 많은 나라에서 꽃 구독 서비스를 쉽게 만나 볼 수 있다. 꽃이라는 동일한 품목을 활용했지만 조금씩 다르 게 구독 서비스 모델을 설계한 3가지 사례를 소개한다.

국내 최초로 꽃 구독 사업을 시작한 곳은 꾸까kukka다. 2주에 한 번씩 정기적으로 계절에 맞는 꽃다발을 배송해준다. 꽃다 발의 크기에 따라 1만 7,900원, 2만 6,900원, 3만 4,900원, 4만

9,900원의 4가지 요금제 중에서 선택할 수 있다. 꽃 도매 업체와 거래해 원가를 낮추고 전문 플로리스트가 계절에 맞는 꽃으로 구성한 꽃다발을 랜덤으로 배송해주는 꾸까의 구독 서비스는 2014년 서비스 시작 당시에는 400명 정도의 회원 규모였지만, 4년 만에 회원 3만 명을 돌파했다. 출시 이후 꾸준한 성장세를 보인 꾸까는 코로나19의 확산을 계기로 더욱더 빠르게 성장해 2020년 5월 한 달 동안에만 10억 원의 매출을 달성하기도 했다.

꾸까의 창업자인 박춘화 대표는 2018년 《한국경제》와의 인터뷰에서 "화훼 업계는 모든 사람이 알 만한 브랜드가 없다. 어디서나 주문이 가능한 꽃집도 없고, 가격이 표준화돼 있지도 않다. 꽃을 화장품처럼 브랜드화하고 유통구조를 확립하면 어떨까 하는 생각을 해봤다"라고 전한다. 그는 체계적이지 않은 시장 구조에서 기회를 발견한 것이다. 유럽을 비롯한 선진국의 경우 전체 꽃 수요 중 40~50%는 고객들이 일상에서 꽃을 즐기기 위한 용도다. 반면 한국은 경조사가 꽃 수요의 대부분을 차지한다. 국민 한 명이 1년간 꽃을 구매하는 데 쓰는 비용은 유럽이 18만 원, 일본이 11만 원인 반면 한국은 1만 3,000원에 불과하다. 박춘화 대표는 "국민소득이 3만 달러가 넘어가는 한국에서도 곧 꽃 소비가 빠르게 늘어나는 순간이 올 것으로 생각했다"라며, 꽃 구독 서비스를 통해 사람들이 일상에서 꽃을

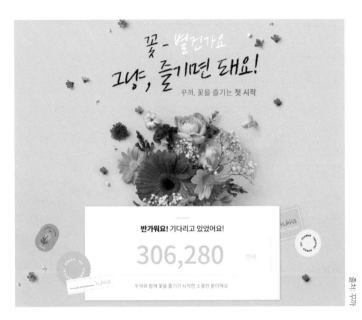

국내 최초로 꽃 정기 구독 서비스를 시작한 꾸까.

즐기는 문화를 점차 확산시키고자 한다.

브랜드의 인지도가 어느 정도 확립된 후 꾸까는 오프라인 쇼룸을 만들었다. 광화문, 잠실 등에 운영 중인 쇼룸은 지점마다 다른 콘셉트로 운영되며 고객들이 직접 꽃을 만져보고 향기를 맡으며 체험할 수 있는 공간을 제공하고 있다.

꾸까가 한국에서 최초로 꽃 구독 서비스를 시작했다면 블루미 라이프Bloomee LIFE는 일본에서 처음으로 꽃 구독 서비스를 시작했다. 고객은 꽃의 양에 따라 500엔, 800엔, 1,200엔(약

5,200원, 8,300원, 1만 2,500원)의 3가지 요금제 중 하나를 선택해 격주 혹은 매달 계절에 맞는 꽃다발을 받아볼 수 있다. 2016년 서비스 개시 후 3년 만에 회원 수 2만 명을 돌파하며 빠르게 성장했다. 꾸까의 경우 직접 꽃을 구매하고 꽃다발을 제작해 고객에게 보내는 반면, 블루미 라이프는 일본 전국의 꽃집과 제휴를 맺고 사업을 전개한다. 전국 약 100개의 매장에서 고객에게 직접 꽃을 보내주는 것이다. 어떤 매장은 풍성하고 화려한 디자인으로 꽃다발을 만드는 반면 다른 매장은 소박한 디자인을 선호하는 등 매장마다 특색이 다르기 때문에 고객은 다양한 분위기의 꽃다발을 랜덤으로 받는 재미를 느낄 수 있다. 하지만 이 같은 장점은 곧 약점이 되기도 했다. 블루미 라이프의 서비스가 장기화하면서 "좋아하는 꽃이 도착하지 않는다" 혹은 "내 취향이 아닌 꽃이 도착한다"라는 이유로 서비스를 해지하는 사람이 늘어나기 시작했다.

구독 서비스에서 가장 중요한 지표는 서비스 지속률이다. 아무리 신규 고객이 많이 증가해도 해지하는 고객의 비율이 높으면 서비스가 성장하지 못한다. 따라서 구독 서비스를 운영하는 기업은 무엇보다 고객의 해지를 막기 위한 다양한 방법을 시행해 고객 기반을 강화하고 안정적인 수익을 확보해야 한다. 서비스를 해지하는 고객이 늘어나면서 블루미 라이프는 큐레이션 기능을 강화하는 방향으로 서비스를 더욱 업그레이드했

ときめきが続く、お花の定期便

Bloomee LIFEは、ブルーミー（−bloomee）に名前が変わりました。

출처: 블루미 라이프

계절 꽃을 신선하게 고객에게 배송하는 블루미 라이프. 꽃의 크기에 따라 체험 플랜, 레귤러 플랜, 프리미엄 플랜의 요금제가 있으며 매달 또는 격주로 구독 주기를 설정할 수 있다. 블루미 라이프는 꽃 배달 전용 박스를 개발해 우편함으로 꽃을 배달한다.

다. 고객의 취향을 제대로 반영하지 못한 것이 해지의 원인이라면 취향에 맞는 꽃을 보내면 해지율을 낮출 수 있다고 본 것이다. 다행히 블루미 라이프는 서비스 개시 후 약 3년에 걸쳐 축적한 고객 데이터를 가지고 있었다.

블루미 라이프와 제휴한 꽃집에서 고객에게 배송하는 꽃다발의 종류는 매주 150가지에 이른다. 블루미 라이프는 각 매장에서 배송하기 전 꽃다발의 사진, 사용한 꽃의 종류 등을 전부 일일이 등록해 관리했다. 이러한 조치는 매장에서 규정대로 꽃다발을 보내고 있는지 확인해 서비스의 질을 관리하기 위한 목적이었으나 시간이 지나면서 자연스럽게 약 8,000종류의 꽃다발 관련 데이터를 모을 수 있게 됐다. 블루미 라이프는 이러한 데이터베이스와 고객의 사후 평가를 조합해 개인의 취향에 맞는 꽃다발을 만들어 보낼 수 있었던 것이다.

이 과정에서 블루미 라이프는 자사에서 직접 꽃을 구매해 조달하는 방법도 병행하기 시작했다. 사업의 규모가 성장하고 서비스에 대한 고객들의 기대치가 높아지면서 계약을 맺은 꽃집에서 배송하는 것으로는 품질 관리가 쉽지 않았기 때문이다. 또한 필요한 꽃을 일괄적으로 구매하면 비용 절감에도 큰 효과가 있었다.

블루미 라이프의 사례를 통해 볼 수 있듯이 서비스를 제공하면서 쌓은 고객 데이터는 구독 비즈니스의 큰 자산이 된다.

이를 활용해 개인의 취향에 맞는 큐레이션 기능을 강화함으로써 고객의 이탈을 막고 서비스 지속률을 높일 수 있다.

꽃을 픽업하는 즐거움을 선물하다

•

꽃이라는 아이템을 활용하면서, 오프라인의 체험을 핵심 가치로 내세운 구독 서비스도 있다. 일본 전국에 약 190개의 오프라인 꽃집을 운영하는 히비야 화단HIBIYA KADAN은 2019년 6월 꽃 구독 서비스인 하나노히HANANOHI를 운영하기 시작했다.

하나노히의 특징은 집으로 꽃이 배달되는 것이 아니라 고객이 매장에서 직접 꽃을 픽업한다는 점이다. 꽃뿐만 아니라 대부분의 구독 서비스는 보통 제품을 집으로 배달하는 것이 일반적이다. 매장에 직접 가서 꽃을 받아야 한다면 불편하지 않을까 싶은 생각이 든다. 하지만 도리어 꽃을 매장에서 직접 픽업한다는 점이 고객에게 매력으로 작용하고 있다.

집으로 꽃을 배송받는 구독 서비스는 꽃의 종류를 선택하거나 조합하는 것을 업체에 맡긴다. 하지만 하나노히의 고객은 자신이 직접 꽃을 고를 수 있다. 그날 기분에 맞춰 꽃의 색을 선택한다든가 여태까지 몰랐던 종류의 꽃을 새롭게 사보는 등 '고르는 즐거움'을 느낄 수 있다. 스마트폰 앱에서 원하는 요금제를 선택하고 구독을 시작한 후 매장에서 화면의 QR 코드를 보여주기만 하면 된다. 꽃 수령이 가능한 매장은 2021년 1월 기준, 전국에 약 170여 곳이 있으며 대부분이 도심에 모여 있다. 서비스 요금은 월 6회 꽃 한 송이를 받는 플랜은 987엔(약 1만 원), 매일 꽃 한 송이를 받는 플랜은 1,987엔으로 약 2만 원을 지불하면 매일 꽃 한 송이를 받을 수 있다. 물론 꽃다발을 받을 수도 있으며 꽃다발의 종류에 따라 2,687엔(약 2만 8,000원), 3,987엔(약 4만 2,000원), 8,787엔(약 9만 2,000원), 1만 5,878엔(약 16만 6,000원)의 4가지 요금제 중 선택할 수 있다. 코로나19 확산 후 회원 수가 급증하면서 서비스 개시 1년 6개월 만인 2021년 1월을 기준으로 약 3만 명을 돌파했다.

히비야 화단이 구독 서비스를 시작한 이유는 고객에게 일상에서 좀 더 가벼운 마음으로 꽃을 즐기는 기회를 제공하기 위해서다. 일본 역시 아직, 꽃은 생일이나 기념일에 주는 특별한 선물이라는 인식이 강하며 자신을 위해 꽃을 구매하는 사람이 별로 없다. 또한, 집에 꽃을 두고 싶지만 꽃집에 가는 것 자체에 부담을 느끼는 사람도 있다.

히비야 화단의 비즈니스 솔루션 사업본부 매니저인 타니 마유미谷 真由美 는 "꽃을 좀 더 가깝게 느끼고 가벼운 마음으로 구매할 수 있는 시스템을 만들고 싶다"라고 말한다.

하나노히의 주 타깃은 꽃에 관심은 있지만 인테리어에 사용해본 적이 없거나, 꽃의 장식법을 잘 모르는 20~30대 여성이다. 서비스가 시작된 뒤에는 40대 여성에게도 인기를 끌었다. 의외인 점은 여성뿐만 아니라 남성 고객도 약 10%를 차지한다는 것이다. 특히 30~40대 남성이 아내를 위해 하나노히를 구독 후 퇴근길이나 점심시간에 꽃을 받으러 오는 경우도 많다.

고객 중에는 일과 중간의 휴식 시간을 이용해 꽃을 픽업하러 오는 사람들도 꽤 있는데, 그들은 점심시간이나 가사 도중 산책 겸 꽃을 가지러 가는 것이 하나노히의 매력이라고 말한다. "배달이 아닌 오프라인 매장에서 꽃을 받는 형식으로 만든 이유는 고객들이 실제로 꽃집을 방문해 더 많은 꽃을 만져보고 향기를 맡아보길 원하기 때문이다. 우리는 매장에 늘어선 꽃이 계절별로 바뀌는 것을 보면서 고객들이 계절감을 느끼길 원한다. 매장에 방문한 김에 꽃병 등 관련 상품을 함께 구매하는 사람도 많다. 꽃에 대한 사람들의 관심이 깊어짐을 느끼고 있다"라며 히비야 화단 매니저는 일부러 매장을 방문하도록 서비스를 설계한 배경을 설명한다.

고객들은 "매장으로 꽃을 받으러 외출하는 일이, 온종일 실내 생활을 지속하는 코로나 시기에 활력을 주고 일상을 풍부하게 만들어 줬다"라거나 "리모트 워크로 방에서 계속 지내는데 하나노히 덕분에 산책할 기회가 생긴다"는 긍정적인 반응을 보인다. 집에서 배송받는 꽃 구독 서비스에 비해 매장에서 픽

매장에서 직접 꽃을 픽업하는 형태의 구독 서비스인 하나노히는 일부러 고객들이 매장을 방문하도록 서비스를 설계했다. 고객이 직접 꽃을 고를 수 있는 즐거움과 함께, 제철 꽃을 통해 매장에서 느낄 수 있는 계절감과 점원에게 얻는 꽃에 대한 자세한 정보는 오프라인에서만 체험할 수 있는 하나노히의 차별화된 셀링 포인트다.

업하는 방식은 꽃을 만져보고 선택할 수 있을 뿐만 아니라 꽃에 관해 설명을 듣고 지식을 쌓아가는 풍부한 체험을 누릴 수 있으며, 이것이 하나노히라는 서비스를 차별화시키는 요인이 되고 있는 것이다.

매달 987엔과 1,987엔이라는 부담 없는 금액으로 한 송이의 꽃을 만나볼 수 있는 경제적인 요금제 또한 인기 요인 중 하나다. 여러 종류의 꽃을 한 꽃병에 꽂을 경우 높이와 색상, 전체적인 분위기 등을 고려해야 하지만 꽃꽂이를 해본 적이 없거나 꽃을 처음 집에 놓는 사람도 한 송이라면 쉽게 도전해볼 수 있다. 처음에는 한 송이로 시작했다가 꽃이 조금 익숙해지면 더 고가의 상위 요금제로 옮겨 가면 된다.

하나노히는 꽃집에서 근무하는 점원의 의식 및 역할도 바꾸고 있다. 예전에는 선물용이나 특정 기념일을 위해 방문한 고객에게 꽃을 제안하는 일이 대부분이었으나, 하나노히 서비스를 시작하고 나서는 자신을 위해 꽃을 가져가는 고객의 방문이 많아졌기 때문이다. 따라서 점원들도 고객이 거주하는 공간의 분위기 혹은 고객의 라이프스타일에 맞춰 꽃을 제안해야 할 필요성을 느끼는 것이다. 이렇듯 꽃이라는 동일한 아이템으로도 각기 다른 특징을 가진 구독 서비스가 등장하면서 우리 일상에 꽃이 더욱더 가깝게 자리해오고 있다.

비싼 취미인 카메라도 구독으로 부담 없이

•

일본의 구패스GooPass는 카메라 기자재에 특화된 렌털형 구독 서비스를 운영한다. 2018년 11월 서비스를 시작한 구패스는 일안 반사식Single Lens Reflex, SLR 카메라와 같은 고성능의 디지털카메라는 물론 각종 교환 렌즈, 드론 등 약 550기종 이상의 기자재를 갖추고 있다.

구독 서비스 가격은 기자재의 수준에 따라서 라이트 요금제 5,800엔(약 6만 원), 스탠더드 요금제 9,800엔(약 10만 원), 프리미엄 요금제 1만 7,800엔(약 19만 원), 프로 요금제 2만

9,800엔(약 31만 원)으로 구분되며, 가장 인기 있는 서비스는 1만 7,800엔의 프리미엄 요금제다. 20만 엔을 훌쩍 넘는 고기능 줌 렌즈를 비롯해 소니, 니콘, 캐논 각 사의 주력 모델과 다양한 종류의 드론까지 이용할 수 있다.

구독이 아닌 카메라 기자재의 렌털 서비스는 기존에도 존재했다. 하지만 대부분의 서비스가 짧게는 며칠 길게는 1개월 정도의 정해진 기간에 일회성으로 장비를 빌려주는 서비스로 장비 1개마다 렌트 요금이 발생했다. 카메라 혹은 기자재를 며칠 사용할 경우 5,000~6,000엔, 고가의 제품이라면 한 번 빌려 사용하는 데 1만 엔을 넘기는 경우도 많았다.

이에 반해 구패스는 월정액 요금을 내면 특정 기자재를 원하는 기간만큼 사용하는 것이 가능하며, 언제든 다른 카메라로 교환할 수 있다. 구패스의 창업자인 다카사카 이사오高坂 勲 는 "포토그래퍼가 활약할 수 있는 미래를 만들고 싶다는 비전을 실현하기 위해서는 우선 카메라를 이용하는 인구를 늘리는 것이 중요하다고 생각했다"라고 말한다. 일반인도 고성능 카메라에 쉽게 접근하고 사용할 수 있도록 하기 위해서 카메라 구독 서비스를 시작한 것이다.

고객들은 다양한 이유로 카메라 구독 서비스를 이용한다. 취미 생활을 위해 카메라를 이용하는 사람은 5,800엔의 라이트 요금제를 이용해 적정한 성능의 다양한 카메라를 시험해

梱包の流れ

1. 白い面を上にして内側に軽く折り曲げます。
2. フィルムを持ち上げて、中央に撮影機材を置いてください。
3. 外側に折り曲げ、裏側まで折りたたみます。
4. サイドのタブを上向きに折り曲げ、立てます。
5. 段ボール箱に真っ直ぐに差し入れて、固定します。
6. 両面テープを使用して箱に封をしてください。

구패스는 고가의 카메라 장비를 안전하게 대여할 수 있도록 전용 케이스 및 포장 가이드를 제공한다.

보고 자신에게 맞는 카메라를 찾을 수 있다. 일반인뿐만 아니라 전문 카메라맨이나 관련 분야 종사자들이 "업무에 사용하는 기자재를 조달하고 싶다", "궁금했던 제품, 마음에 드는 제품을 시험해보고 싶다", "최신 기종을 빨리 사용해보고 싶다"라며 구독하는 경우도 많다. 게다가 사용해보고 마음에 들어서 직접 기자재를 구매하는 회원도 많다. 구패스의 다카사카는 "빌리는 것에서 끝나는 것이 아니라 갖고 싶다고 생각되는 기자재는 구매해주셨으면 하는 바람이다. 고객의 이러한 행동이 카메라 업계를 지속해서 발전시킨다. 구패스가 카메라 선택에 있어 고객에게 길잡이 역할을 하고 싶다"라고 말한다.

한편 구패스는 카메라 관련 고객 데이터를 수집하는 플랫폼의 역할도 수행한다. 다양한 제조사의 카메라를 부담 없이 사용하기 때문에 '캐논을 사용하는 고객은 소니 제품을 좋아하는 경향이 있다', '니콘 유저는 펜탁스의 렌즈에 관심이 많다'와 같은 고객의 행동이나 취향을 파악하는 것이 가능하다. 이러한 고객 데이터는 카메라 제조사에는 매우 귀중한 자료이며, 이를 활용하기 위해 다수의 카메라 제조사는 구패스와 제휴를 진행하고 있다.

구패스의 고객 데이터를 활용하면 '특정 촬영 장면에서 어느 정도의 초점 거리가 선호되는지'와 같은 매우 구체적인 고객 선호도를 파악하는 것이 가능하고 카메라 제조사는 이를 상품 개발에 활용할 수 있다. 구패스의 회원 중에는 카메라의 열성 팬이 많아서, 카메라 제조사는 신제품을 발매하기 전에 체험회를 개최하거나 고객의 목소리를 듣는 자리를 마련하고자 할 때도 구패스의 도움을 받는다.

한편 다카사카 대표는 최근 스마트폰으로 사진을 찍는 사람이 대부분이라는 점을 안타까워하고 있다. 그는 "더욱더 많은 사람이 고가의 카메라를 편하게 빌려 사용함으로써 아름다운 자연이나 소중한 순간들을 스마트폰이 아닌 카메라로 촬영하는 즐거움을 느낄 수 있기를 바란다"라고 전한다.

다양한 곳에서
음식을 즐기다

퇴근길에 즐기는 1일 1잔의 웰컴 드링크

·

퇴근길에 멋진 바에서 거의 무료로 술을 마실 수 있다면? 술을 좋아하는 사람들에게는 매우 기쁜 소식일 것이다. 이 같은 니즈를 반영하여, 매달 소액의 구독료를 지불하면 매일 무료로 술 1잔을 마실 수 있는 주류 구독 서비스가 다양한 국가에서 인기를 끌고 있다. 미국의 후치HOOCH, 일본의 하이드아웃 클럽 HIDEOUT CLUB, 국내의 데일리샷 등에서 비슷한 콘셉트의 구독 서비스를 선보이고 있다.

후치는 2015년 11월 미국에서 시작된 서비스로 매달 9.99달러(약 1만 1,000원)를 지불하는 멤버십을 통해 뉴욕 맨해튼에 있는 수백 개의 멋진 바에서 칵테일을 무료로 1잔 마실 수 있다. 서비스 출시 2년 만에 매출 200만 달러를 달성할 정도로 인기를 끌었고, 서비스 출시 후 3년 만에 약 20만 명의 회원을 확보했다. 벤처캐피털로부터 775만 달러에 달하는 초기 투자를 받으면서 화제가 되기도 했다.

후치의 회원은 후치와 제휴한 술집을 방문해 스마트폰 앱의 계정을 보여주면 1잔의 술을 무료로 마실 수 있다. 칵테일 1잔이 평균 10달러라고 하면 한 달에 한 번만 술집을 방문해도 고객은 경제적으로 이득인 셈이다.

그렇다면 술집은 손해를 보는 장사일까? 바를 운영하는 입장에서는 후치 앱에 자기 매장이 노출되는 것 자체가 훌륭한 마케팅 수단이 된다. 수익 부분 역시, 대부분의 고객이 1잔만 마시고 일어서는 것이 아니라 추가로 술을 주문하기 때문에 손해라고 볼 수는 없다. 실제로 후치의 통계에 의하면 무료로 제공하는 첫 잔만 마시고 바를 떠나는 회원의 비율은 10% 미만이며, 1인당 평균 30~40달러를 추가로 지출하는 것으로 조사됐다. 술집 입장에서 무료로 제공하는 첫 잔은 고객을 유입하기 위한 마케팅 비용인 셈이다.

또한 후치는 고객 데이터를 분석해 매출에 도움이 되는 술의 종류와 정보를 제공하기 때문에 술집 운영에도 도움이 된다. 2018년《아시아 투데이》와 진행한 인터뷰에서 후치의 대표 겸 공동 창업자인 린 다이Lin Dai는 "기존 광고와 달리 후치 앱에선 고객의 거래 정보 데이터를 활용해 고객의 니즈에 심층적으로 접근할 수 있다"라며 "페이스북 등 SNS 플랫폼에서는 오직 0.1%의 고객만이 광고를 클릭한다. 매우 비효율적이다. 하지만 그 비용을 후치 앱에서 고객에게 쿠폰을 발급하는 형태로 사용한다면 엄청난 차이가 있다. 보통 쿠폰을 받은 고객 중 60%가 실제 매장을 방문해 쿠폰을 사용하기 때문이다"라고 말했다.

매일 1잔의 술을 마실 수 있는 주류 구독 서비스는 고객에게 경제적으로 이득이기도 하지만 새로운 서비스를 경험할 기회가 되기도 한다. 린 다이는 특히 밀레니얼 세대는 제품 자체보다 '경험'을 중시한다고 강조한다. 밀레니얼 세대가 근사한 술집에 가고 싶어 하지만 비싼 가격 때문에 주저하는 경우가 많다는 점에 주목했고, 이는 린 다이가 후치를 창업한 계기가 됐다.

2018년《매일경제》와의 인터뷰에서 그는 "요즘은 소파에 앉아 스마트폰으로 어떤 제품이든 검색하고 구매할 수 있다. 하지만 이런 편리함은 실제 세상과의 벽을 만들었다. 여기서 '경험의 경제Experience economy'가 탄생할 기회가 생겼다. 후치는 실제 세계에서 할 수 있는 경험에 집중하기로 했다"라고 설명했다. 실재하는 재화와 서비스의 판매에 주목한 기존의 경제 질서와는 달리, 고객 개인에게 맞춤화된 특별한 경험을 제공하여 경제적 가치를 창출하는 경험 경제에 주목한 것이다.

밀레니얼 세대가 SNS상에서 본 멋진 바를 경험하게 만드는 것이 후치의 목표다. 그 연장선에서 후치는 자신의 비즈니스를 '경험을 제공하는 회사'로 정의한다.

국내에도 비슷한 콘셉트로 주류 구독 서비스를 제공하는 데일리샷이 있다. 데일리샷은 월 9,900원을 내면 제휴된 펍이나 바에서 매일 첫 잔을 1,000원으로 즐길 수 있을 뿐만 아니라, 가격이 비싼 술을 저렴하게 살 수 있는 술 픽업 서비스와 편의점에서 캔맥주를 교환할 수 있는 멤버십 등을 이용할 수 있다. 2021년 3월 기준, 서울의 강남, 이태원, 신촌과 부산에서 서비스 이용이 가능하며 약 540개 술집과 제휴를 맺고 있다.

데일리샷 또한 후치와 비슷하게 소상공인을 위한 마케팅 파트너의 역할을 중요하게 생각한다. 김민욱 데일리샷 대표는 2020년에 진행한 1인 가구 전문 미디어지인 《데일리팝》과의 인터뷰에서 창업 동기에 대해 "주류를 취급하는 매장들의 주요 홍보 채널은 전단이다. 하지만 분위기 좋은 프리미엄 펍이나 바는 전단으로 홍보하기에는 무리가 있다. 점주들 또한 비슷한 문제점을 느끼고 있었다"라며 "결국 점주들은 블로그나 페이스북을 통해 마케팅하지만 이는 비용 부담이 크다. 즉, 펍이나 바에서는 적합한 마케팅 파트너가 없었다고 볼 수 있다. 여기에서 기회를 발견하고 데일리샷은 위스키, 수제 맥주, 와인 등 고가 주류 시장을 공략하고 있다"라고 언급했다.

데일리샷은 웰컴 드링크를 통해 광고비나 수수료 없이 고객과 제휴점을 연결하는 상생 플랫폼을 목표로 한다.

일본 또한 비슷한 서비스가 존재한다. 이는 '매일 1잔씩 마시는 주류 구독 서비스'에 대한 고객의 니즈가 그만큼 크다는 방증이다. 주류 구독 서비스 업체 중 하나인 구비또Gubit는 월 980엔(약 1만 원)에 매일 1잔의 술을 제공한다. 구비또를 창업한 마사키 다케요시芷木 武良는 한 인터뷰에서 "나이가 들면서 매일 같은 가게만 가는 자신을 발견했다. 구비또는 새로운 바나 음식점에 들어가보며 소소하게 경험을 확장하고 싶은 지극히 개인적인 니즈에서 출발했다. 집에서 마시는 것도 좋지만 역시 가게에서, 가능하면 조금이라도 싸게 마시기를 원했다"라며 창업 동기를 설명했다.

그는 비즈니스 목표에 대해서도 "나를 포함해 술을 좋아하는 사람들을 위한 서비스를 목표로 한다"라며 "온라인 서비스는 다른 곳에도 많지만, 실제로 가게에서 술을 한잔하며 다른 사람들과 새로운 이야기를 만들어가는 오프라인 서비스는 별로 없기 때문에 고객 간 친밀한 관계 형성을 도와주는 역할을 하고 싶다"라고 말했다.

주류 구독 서비스는 고객에게 가성비에 더해 다양한 곳에서 술을 마셔볼 수 있는 경험이라는 가치를 제공하고 있으며, 펍이나 바의 입장에서는 고객의 방문을 촉진하는 훌륭한 마케팅 수단이 되고 있다.

잃어버린 고객을 되찾는다, 내점 빈도를 높이는 상가의 비결

•

2020년 9월, 신주쿠의 상업시설 미로드MYLORD는 쇼핑몰 내에 입점한 다수의 음식점에서 사용할 수 있는 음료 구독 서비스를 시작했다. 상업시설 단위로 구독 서비스를 도입하는 것은 미로드가 첫 시도였다.

미로드에 입주한 음식점 24개 매장 가운데 15개의 매장이 참여한 '신주쿠 미로드 드링크 패스'를 구매하면 미로드 내 음식점을 방문해 식사를 주문할 때마다 음료 1잔을 무료로 마실 수 있다. 요금은 한 달에 500엔(약 5,200원)으로 원할 때마다 언제든지 음료를 마실 수 있다는 점을 고려한다면 상당히 이득인 서비스다.

미로드가 '상업시설 내 음식점을 통합한 서브스크립션'이라는 새로운 시도를 시작한 동기는 무엇일까? 음식점 구독 서비스가 누리는 가장 큰 효과는 고객의 방문 빈도 증가다.

음식점을 대상으로 구독 서비스 운영에 관한 컨설팅을 제공하는 파비favy의 자료에 의하면, 매일 술 1잔을 무료로 제공하는 구독 서비스와 제휴한 술집의 경우 해당 고객의 평균 방문 횟수는 한 달에 7.8회, 매일 커피 1잔을 제공하는 구독 서비스를 도입한 커피 마피아Coffee mafia의 경우 고객의 평균 방문 횟수는 한 달에 22회다. 이는 구독 서비스를 도입하지 않은 매장에 비해서 약 10배 정도 높은 수치다.

미로드는 코로나19 확산 후 내점객이 급감하자 이를 타개할 방법의 하나로 구독 서비스를 시행했다. 방문을 촉진하기 위해서 하루에 몇 번이라도 드링크 패스를 사용할 수 있도록 서비스를 설계했다. 낮에는 카페에서 점심을 먹으면서 음료를 마시고, 저녁에는 다른 레스토랑에서 식사하면서 무료 음료를 얻는 식으로 하루에 2~3번도 이용이 가능한 것이다.

미로드가 구독 서비스를 통해 얻고자 하는 또 하나의 이점은 고객의 방문이 잦아지면 언제, 누가, 어느 매장을 이용했는지 등의 행동 데이터를 쌓을 수 있다는 사실이다. 예를 들어, 저녁에는 A 매장을 방문한 회원들이 낮에는 다른 가게를 이용한 사례가 많다면, A 매장은 점심을 강화하는 영업을 통해 점심 고객도 확보할 수 있다. 또한 회원의 방문 시간을 분석해 언제 고객이 가장 많이 몰릴지 예측하는 것도 가능하다. 내점 빈도의 증가라는 효과에 더해 데이터 분석을 통해 고객의 이용 실태를 가시화하고 이에 대응할 수 있는 것이다. 매장별로 고객의 행동을 파악함으로써 각 매장에 적절한 조언이나 지원을 하기도 쉬워진다.

고객의 방문이 촉진된다는 점은 위드 코로나 시대에 있어 큰 의미를 가진다. 코로나19로 인해 지나가는 김에 한 번쯤 들러보는 행동은 줄어든 반면 뚜렷한 목적의식을 가지고 방문하는 사람들이 늘었다. 미로드의 경우 신주쿠 중에서도 입지가 좋은, 즉 사람들의 왕래가 많은 도로에 위치해 있다. 코로나19 이전에는 신주쿠에 온 김에 들르는 고객이나 지나가는 길에 들르는 고객이 많았다. 하지만 코로나19의 확산으로 인해 이러한 입지가 빛을 발하지 못하고 있다. 미로드는 고객들을 불러들이기 위한 장치가 필요해졌고 그 해법을 구독 서비스에서 찾고 있다.

단골을 만들고 추가 구매로 이익을 달성하다

●

외식 산업의 매출은 고객 수와 객단가로 결정된다. 음식점이 구독 모델을 잘 활용한다면 이 2가지 지표를 모두 끌어올릴 수 있다.

커피 마피아는 2017년부터 월 3,000엔(약 3만 2,000원)으로 커피를 무제한으로 마실 수 있는 구독 서비스를 선보였다. 월 3,000엔 요금제는 240mL 사이즈의 커피가 매일 무료며, 월 6,500엔(약 6만 9,000원) 요금제는 스페셜티를 포함한 모든 음료가 무료다. 240mL 커피 1잔의 가격이 300엔이기 때문에 월 3,000엔 코스를 이용하는 고객은 한 달에 10번만 방문해도 이득인 셈이다.

커피 마피아는 구독 서비스를 출시하자마자 주변 직장인으로부터 큰 인기를 끌었다. 고객을 모집하는 데는 성공했지만 고객의 반응과는 별개로 비즈니스를 흑자로 전환하기까지는 9개월이 걸렸다. 계산 착오가 있었던 부분은 내점 빈도다. 커피 마피아는 직장가에 위치해 주중에만 영업한다. 주 5일 영업인 점을 고려해 고객 1인당 월 16회 이용을 예상했으나 고객의 실제 방문 수는 월 22.8회로 예상보다 훨씬 높았다. 고객은 월 3,000엔에 커피 22잔을 마시므로 1잔에 약 136엔에 커피를 판매하는 셈이 된다. 가격이 비싼 편인 오리진 원두를 사용하는 커피 마피아는 월세와 인건비를 제하고 나면 하면 흑자를 낼 수 없는 상황이었다.

이에 따라 커피 마피아는 도넛과 빵 등의 사이드 메뉴 품목을 늘리고 고객이 커피를 주문할 때 이를 권하기 시작했다. 구독 서비스 회원의 약 20%가 사이드 메뉴를 주문하도록 유도했고 그 결과 영업이익률을 높일 수 있었다.

커피 마피아가 9개월간 적자를 지속하면서도 구독 서비스를 중지하지 않았던 이유는 충성 고객의 증가에 있다. 가성비가 높은 구독 서비스이기 때문에 일단 회원이 된 사람은 지속해서 서비스를 이용한다. 실제로 커피 마피아의 고객은 평균 90%라는 높은 지속률을 보여준다. 회원들이 거의 매일 방문하는 단골이 되기 때문에 자연스럽게 직원과의 의사소통도 활발해진다. 점원과 회원 간에 대화가 자주 이뤄지다 보면 사이드 메뉴를 추천하기도 수월해진다. 구독 서비스는 고객과의 접점을 강화하는 역할을 하는 것이다.

이에 더해 고객의 방문이 잦으면 매장이 얻을 수 있는 고객 관련 데이터의 질이 높아진다. 구독경제의 가장 큰 이점은 양질의 고객 데이터 축적이다. 회원이 되기 위해서 고객은 스마트폰으로 나이, 성별 등을 등록한다. 그리고 구독 서비스를 이용할 때마다 방문 시각, 주문 내역과 같은 데이터가 축적된다. 음식점은 고객의 구매 행동 데이터를 분석해 음료와 음식 메뉴

창업 초기 고객의 내점 빈도를 정확히 예측하지 못해 적자를 기록했던 커피 마피아는 충성 고객 확보와 사이드 메뉴 개발로 9개월 만에 흑자 전환에 성공했다.

개발에 활용하거나 잘 팔리는 상품과 고객이 가장 많이 방문하는 시각을 예측할 수 있다. 이렇게 되면 재료가 빨리 소진돼 팔지 못하는 경우도 적어지고, 남는 재료를 폐기하느라 손해를 보는 일도 줄어든다. 음식점 구독 서비스의 목적은 단골 획득과 고객의 추가 구매다. 고객 데이터를 잘 활용하고 고객과의 의사소통을 통해 관계를 쌓아가면 매출을 지속해서 성장시키는 것이 가능해진다.

다양한 경험을
적절한 가격으로

소비재 vs 내구재

•

큐레이션 및 맞춤형 구독 서비스가 제공하는 제품들은 구매 빈도가 높은 소비재가 대부분이다. 옷, 샴푸, 커피, 음식, 과자 등 일상에서 자주 구매하는, 즉 구매 의사 결정의 빈도가 높고 관여도가 낮은 제품들이다. 이러한 제품을 구독하는 고객들은 구독 서비스 업체에 자신의 의사결정을 맡긴다. 예를 들어, 매달 직접 커피를 구매하던 고객은 구독 서비스를 시작하는 순간부터 커피에 관한 의사결정을 서비스 제공자에게 맡기는 것이다. 이는 구독 서비스가 자신이 좋아할 커피를 알아서 선택해주리라는 믿음이 있기 때문이다. 따라서 큐레이션과 맞춤형 구독 서비스가 선택받기 위해 중요한 점은 고객에게 최적의 제품을 찾아주고 고객으로부터 신뢰감을 얻는 것이다.

반면 경험을 충족시키기 위한 구독 서비스는 의사결정이 수년에 한 번 혹은 평생에 한두 번 발생하는 내구재인 경우가 많다. 주거 공간, 자동차, 가구처럼 수년간 기다렸다 구매하는 고가의 제품들이지만, 구독 서비스를 이용하면 이러한 고가 제품들에 대한 접근성이 높아진다. 소비재의 구독 서비스가 고객의 의사결정 빈도를 줄인 반면, 내구재의 구독 서비스는 반대로 고객의 의사결정 빈도를 증가시킨다.

예전에는 갖고 싶어도 혹은 이용하고 싶어도 경제적 이유로 불가능했던 미술 작품이나 비싼 외제 차를 이용하는 것이 가능해졌고, 심지어 매달 혹은 수개월에 한 번씩 종류를 바꿔가며 이용할 수도 있다. 다양한 제품을 경험함으로써 자신의 취향을 발견하는 것도 가능하다. 즉, 이번 Part 4에서 소개한 경험 확장형 구독 서비스는 자주 구매할 수 없는 고가의 제품을 다양하게 '체험'하고 싶은 분야에 어울리는 비즈니스 모델이다.

내구재 구독 서비스의 성공 포인트

•

경험을 확장해주는 내구재 구독 서비스 운영 시 중요한 포인트는 무엇일까? 토요타의 구독 서비스인 킨토로부터 성공 요인에 대한 힌트를 얻을 수 있다. 고가의 내구재를 구독 서비스로

소비재와 내구재 구독 모델 비교

	소비재 구독 모델	내구재 구독 모델
구매 빈도	높음	낮음
구독 모델 특징	큐레이션, 맞춤	경험 확장
구독 모델 예시	옷, 샴푸, 커피, 식품 등	집, 자동차, 가구, 그림 등
고객의 의사결정 빈도	줄임	높임
구독 비즈니스 전략	정확한 니즈 파악을 통한 맞춤 추천 지속적인 소통을 통한 신뢰감 형성	다양한 경험의 제공 적정한 가격대 설정

이용하게 하기 위해서는 2가지를 만족시켜야 한다. 첫 번째는 다양한 경험, 두 번째는 적정한 가격대다.

고객들이 자동차, 주거 공간 같은 내구재를 구독하는 이유는 경험의 확장이다. 만약 고객이 경험할 수 있는 선택지가 충분히 갖춰지지 않았다면, 혹은 다른 제품으로 변경하는 기간이 너무 길다면 이는 매력적인 구독 서비스가 되지 못한다. 킨토의 경우 초기에는 구독 기간인 3년간 차를 바꿔가며 이용할 수 없었다. 이는 자동차를 구매 또는 리스하는 것과 크게 다르지 않다. 만약 그림 구독 서비스를 이용하면서도 그림을 변경하지 못하고 2년간 같은 그림을 거실에 계속 걸어둬야 한다면 이는 그림을 빌리는 렌트 서비스와 다를 바가 없다.

고객에게 다양한 제품을 경험해보도록 하기 위해서는 수요와 공급을 정확히 매칭하는 것이 중요하다. 이번 Part 4에 소개한 대부분의 경험 구독 서비스가 집, 자동차, 그림, 카메라와 같이 단가가 높은 내구재를 '공유'하는 형태로 운영되기 때문이다. 내가 타고 싶은 차종이나 이용해보고 싶은 카메라를 사용하지 못하는 상황이 연속해서 발생하면 고객은 구독 서비스를 해지할 것이다. 아도레스를 이용하는 고객이 내가 머물고 싶은 숙소를 다음 달에도 혹은 다다음 달에도 이용할 수 없다면 서비스를 계속 구독할 이유가 없어진다.

두 번째는 적정한 가격대를 설정하는 것이다. 고객이 지불하는 만큼의 가치를 느낄 수 있어야 한다. 고객이 얻는 효용이 구독료보다 커야 하는 것이다. 만약 킨토의 가격이 훨씬 낮았다면 어땠을까? 비록 다양한 차량을 경험하지 못하더라도 자동차를 구매하는 비용에 비해 훨씬 낮은 가격으로 자동차를 이용할 수 있다면 킨토 서비스를 선택하는 고객이 많았을지도 모른다. 하지만 구독 서비스 이용료가 자동차 구매 가격과 비슷하다면 고객에게 '경험의 확장'이나 '다양한 차종을 골라 타는 즐거움'이라는 가치를 전달해야만 했다. 이러한 새로운 가치를 제공하지 않으면서 자동차 구매와 비슷한 금액으로 제공되는 구독 서비스에 고객들은 지갑을 열 용의가 없었던 것이다.

적정한 가격을 제공하기 위해서는 생산량의 증감에 따라 달라지는 원가인 변동비를 관리해야 한다. 디지털 콘텐츠나 소프트웨어의 구독 서비스는 고객이 증가해도 변동비가 거의 증가하지 않지만, 물리적인 제품의 경우에는 고객이 늘어남에 따라 서비스를 제공하는 데 추가로 비용이 들어가기 때문에 고객 1인당 발생하는 비용 분석이 필요하다.

2017년 무비패스Moviepass는 미국에서 월 9.95달러(약 1만 1,000원)에 매일 극장에서 영화를 1편씩 볼 수 있는 구독 서비스를 출시했다. 단기간에 수백만 명의 구독자를 유치했지만 비용 증가로 곧 위기를 맞았다. 회사가 영화관에서 표를 구매해 고객에게 재판매하는 비즈니스 모델이었는데, 매일 극장에 가는 이용자가 무비패스의 예상보다 훨씬 많았던 것이다. 앞서 소개한 커피 마피아도 예상보다 고객의 방문율이 높아 초기 9개월간은 적자를 면치 못했다. 변동비를 관리하기 위해서는 고객이 몇 번이나 서비스를 사용할지 사용 빈도를 예측하고 손익분기점을 관리해야 한다. 또한 고객이 적정하다고 느끼는 가격으로 서비스를 제공하기 위해 낮은 가격으로 제품이나 서비스를 제공 가능한 업체들과 협력해 변동비가 지나치게 커지지 않도록 하는 것이 중요하다. 변동비의 관리는 특히, '무제한 구독 서비스' 사업의 성패로 직결되는 중요한 요소이기 때문이다.

미래의 구독 서비스,
복합형 서브스크립션

구독 서비스, 합치면 더 커지는 만족감

●

일본의 항공사인 아나항공ANA은 2020년 1월부터 3월까지 한시적으로, 월 3만 엔(약 32만 원)으로 국내선을 4회 이용할 수 있는 구독 서비스를 운영했다. 아나항공이 단독으로 운영한 것이 아니라 앞서 소개한 주거 구독 서비스인, 전국의 다양한 집을 옮겨 다니며 살 수 있는 아도레스의 옵션으로 제공한 서비스였다. 즉, '주거'와 '이동수단'을 묶어 '복합형 서브스크립션' 서비스를 선보인 것이다.

아도레스가 제공하는 것은 장소다. 해당 장소에 머물기 위해서는 교통수단이 필요하다. 따라서 고객에게 교통수단을 함께 제공하면 주거 구독 서비스를 이용하는 사람이 증가할 것이라는 판단이었다.

아도레스는 호텔 구독 서비스인 호스텔 라이프와도 한시적이지만 서비스 간 제휴를 진행했다. 아도레스 월정액 요금인 4만 엔에 더해 1만 엔을 추가로 지불하면 호스텔 라이프가 제휴한 호텔에서 일요일부터 목요일 사이에 머무를 수 있는 옵션을 제공한 것이다. 아도레스가 지방에 거점이 많은 반면 호스텔 라이프의 호텔은 도심에 위치한 경우가 많다. 두 서비스의 제휴를 통해 지방에 머물고자 하는 니즈와 도심에 머물고자 하는 니즈를 둘 다 충족시키고자 했다. 고객은 두 서비스를 조합해 더욱 자유로운 라이프스타일을 실현할 수 있었다.

이뿐만 아니라 교통수단을 중심으로 레저와 음식을 결합한 구독 서비스 모델을 시도하는 업체들도 늘고 있다. 2020년 1월부터 5월까지 도큐 전철TOKYO RAILWAYS은 교통수단인 전철과 엔터테인먼트 혹은 음식 서비스를 결합한 구독 서비스를 한시적으로 운영해 고객들의 반응을 살폈다.

도큐 전철은 '놀이 무제한'과 '음식 무제한'이라는 2가지 구독 서비스를 운영했다. '놀이 무제한' 구독 서비스는 도큐 전철을 무제한으로 이용할 수 있는 서비스와 함께 도큐 전철이 다니는 노선에 위치한 영화관에서 영화를 무료로 볼 수 있는 서비스다. '음식 무제한'은 전철 이용에 더해 역 내에 위치한 소바 가게에서 하루에 1회 소바를 무료로 먹을 수 있는 구독 서비스다.

도큐 전철의 이러한 시도는 최근 자주 들을 수 있는 통합 교통 서비스인 '마스Mobility as a Service, MaaS'의 한 예시가 될 수 있다. 마스는 자전거, 승용차, 버스, 택시, 철도, 비행기 등 다양한 교통수단을 하나의 통합된 플랫폼에서 제공하는 서비스다. 최근 일본에서는 이러한 교통수단에 숙박이나 상업 시설을 더해 구독 형태로 제공하는 서비스가 등장하고 있다. 저출산 고령화로 인구가 감소하는 상황에서 교통수단과 서비스를 결합함으로써 사람들의 방문을 촉진하고 지역 경제를 활성화하려는 목적이다. 일본의 철도 회사들은 직접 호텔이나 상업 시설을 운영하는 경우가 많기 때문에 교통수단과 결합한 구독 서비스를 실행하기 쉽다.

이렇듯 아직 초기 단계이기는 하지만 고객 니즈를 중심으로 고객이 원하는 다양한 서비스를 결합하는 형태의 구독이 등장하고 있다. 현재의 한시적인 시도에서 벗어나 앞으로 이러한 제휴가 가속화되고 주거, 외식, 레저 등을 전부 포함하는 '복합형 서브스크립션'이 확산할 것으로 예상된다. 입고 먹고 자는 의식주의 모든 것을 구독경제에 의지하는 것이 미래의 모습일지도 모른다.

•

Part 5

완벽한 팬을 만드는
구독 모델 설계

Subscription

Economy

단 한 사람을 위한
새로운 가치

구독 비즈니스의 본질
고객에게 새로운 가치를 제공하는 것

•

구독경제를 논할 때 빠지지 않고 등장하는 용어는 '고객 생애 가치Customer Lifetime Value, CLV'다. 많은 경우 구독경제를 이 고객 생애 가치를 극대화하는 비즈니스 모델로 정의하기도 한다.

고객 생애 가치는 고객 한 명이 기업의 고객으로 있으면서 발생하는 수익의 총합계를 말한다. 한 명의 고객이 한 기업과 거래를 시작해 끝낼 때까지 그 기업에 가져다준 총이익을 의미하는 것이다. 고객 생애 가치는 고객이 기업의 제품이나 서비스를 한 번 소비하고 마는 것이 아니라 생애 전반에 걸쳐서 주기적으로 소비한다는 가정하에 고객 가치를 측정한다. 고객 생애 가치의 극대화를 지향하는 비즈니스는 이미 존재한다. 예를 들어 피트니스 클럽이나 신용카드사 등 회원제 비즈니스가 대표적이다. 그러나 최근 등장하는 구독 모델을 고객 생애 가치를 지향하는 비즈니스라고만 정의하기엔 다소 부족한 느낌이 든다. 고객과 장기적인 관계를 맺는 비즈니스 모델이라고 하기에도 설명이 완전하지 않다. 장기적인 관계를 맺고 고객 생애 가치를 극대화하는 것은 기업이 특정한 전략을 구상하고 행동함으로써 나타난 결과이기 때문이다.

기업이 제공하는 서비스의 강렬한 팬이 되면 자연스럽게 고객은 기업과 장기적인 관계를 맺고 고객 생애 가치는 증가하게 된다. 즉, 기업은 고객과 장기적인 관계를 맺기 위해서 먼저 고객에게 어떠한 가치를 제공할 수 있을지를 고민해야 한다.

앞서 사례로 든 모든 구독 서비스들의 공통점은 시장에 존재하는 제품의 구매를 통해서는 만족되지 않았던 새로운 가치를 고객들에게 제공한다는 것이다. 수많은 물건 중에서 고객에게 가장 적합한 제품을 큐레이션해주거나, 오직 한 명의 고객만을 위해 맞춤형 제품을 만들어 주거나, 쉽게 진입하지 못했던 분야로 고객의 경험을 확장해주는 것과 같이 명확한 가치를 제공하고 있다.

단순히 요금 체계를 월정액으로 바꾸는 것만으로 구독 서비스가 만들어지는 것이 아니다. 최근 일본의 한 조사에 의하면 구독 모델을 시도한 기업 중 30%는 1년 이내에 구독 서비스를 철회했다. 이들의 공통점은 명확한 가치를 정의하고 훌륭한 체험을 제공하는 것에 대한 깊은 고민 없이, 단지 요금을 책정하는 방식을 일회성이 아닌 월 단위로 바꿨다는 것이다.

"진정한 마케팅은 고객으로부터 출발한다"라고 설파한 미국의 경영학자 피터 드러커Peter Drucker의 말처럼 '고객이 무엇을 사고 싶어 하는가'를 파악하는 것이 마케팅의 출발점이다. 50년 전에 나온 그의 메시지는 아직도 유효하고 강력하다. 모든 마케팅은 고객으로부터 출발한다. '고객은 무엇을 원하는가, 고객에게 어떠한 가치를 제공할 것인가, 고객은 무엇을 경험하고 싶어 하는가, 고객에게 어떻게 훌륭한 경험을 제공할 것인가'를 끊임없이 고민해야 한다.

구독 비즈니스 또한 고객으로부터 시작한다. 자사의 제품이나 서비스가 고객의 경험을 더 풍부하게 만들어 주는지, 고객의 시간이나 에너지를 줄여주는지, 고객의 생활을 편리하게 만들어 주는지 등과 같이 기존의 시장에서는 얻을 수 없는 가치를 제공하고 있는지 계속 확인해야 한다.

구독 모델의 본질은 '새로운 가치'를 제안하는 것이다. 명확한 가치를 제시해 고객을 획득하고, 지속해서 훌륭한 체험을 제공함으로써 그 고객을 유지하는 것이 중요하다. 구독 서비스를 시작하는 기업이라면 '우리의 서비스는 고객에게 새로운 가치를 제공하는가', '우리의 서비스는 훌륭한 고객 체험을 전달

하는가'를 가장 먼저 질문해야 한다. 구독이라는 형태의 비즈
니스를 취할 것인가 아닌가는 이후의 이야기가 될 것이다.

진화된 비즈니스 모델
고객 한 사람 한 사람이, 상황에 따라, 무엇을 원하는가
•

여태껏 마케팅의 주류는 특징이 비슷한 고객군을 묶어 해당 그
룹에 적합한 제품이나 서비스를 제공하는 타깃 마케팅이었다.
인구가 증가하고 시장이 성장하는 대량 생산의 시대에는 이러
한 마케팅이 효율적인 방법이었다. 하지만 이제 이러한 방법으
로는 소비 수준이 높아지고 취향이 매우 다양해진 요즘의 고객
을 만족시키기가 어렵다.

한편 기존에는 기업 내부의 데이터만을 사용해 고객을 세그
멘테이션하고 타기팅했지만, 이제는 고객의 위치 정보, 소셜네
트워크 정보 등의 데이터를 함께 활용해 고객 개개인의 TPO
Time, Place, Occasion를 좀 더 자세히 이해할 수 있게 됐다. 이제
기업은 고객 한 사람 한 사람의 특성을 보다 심도 있게 분석하
고 개개인에게 적합한 서비스를 제공할 수 있다. 이에 따라 구
독 비즈니스는 2가지 커다란 축에서 진보된 마케팅을 통해 고
객에게 최적의 서비스를 제공한다.

첫 번째는 비슷한 특징을 가진 고객군에 적합한 상품과 서비스를 제공하는 것을 넘어 '고객 한 명 한 명'이 하나의 세그멘테이션, 즉 고객군의 단위가 된다는 것이다. 넷플릭스가 개개인이 좋아하는 영상을 추천하는 것처럼, 스티치픽스는 고객 각자에게 맞는 옷을 추천하고 트레이드 커피는 한 명 한 명의 취향에 맞는 커피를 제공한다. 메듀라를 구독하면 내 헤어에 맞는 나만의 샴푸를 배송받는다.

두 번째는 동일한 고객이라도 자신이 처한 상황과 때에 따라 원하는 것, 경험하고 싶은 것이 달라지는데, 구독 서비스가 이를 만족시켜주고 있다는 것이다.

- A씨는 다음 주 월요일 어떤 옷과 가방이 필요할 것인가?
- 중요한 고객과의 미팅인가, 연인과의 데이트인가?

- B씨가 다음 주 자동차를 이용하는 이유는 무엇인가?
- 어떤 목적으로 어디를 가는 것인가?
- 그 상황에서 B씨에게 가장 적당한 차종은 무엇인가?

구독 모델은 고객 한 사람 한 사람의 상황에 맞는 제품과 경험을 제공하는 비즈니스 모델이다. 넘쳐나는 정보와 물건 속에서 고객이 제품을 선택하는 것이 아니라 기업이 고객의 취향에 딱 맞는 제품과 서비스를 제공해 선택의 어려움을 줄여준다. 더 나아가 이제 고객은 나에게 적합한 제품이나 서비스를 상황에 맞춰 업데이트하고 싶어 한다. 마치 스마트폰이 정기적으로 소프트웨어를 업데이트하는 것처럼 말이다.

고객의 이탈을 막는
운영 핵심 노하우

구독 모델의 인프라

데이터가 모든 것을 지배하는 구독 비즈니스

•

고객 개개인별로 상황에 맞는 서비스를 제공하는 구독 비즈니스를 운영하는 데 있어 데이터는 필수 불가결한 요소다. 상황에 따른 고객의 니즈를 파악하기 위해 충분한 데이터를 모으고 고객 한 사람 한 사람을 관리하는 것이 구독경제의 핵심이다.

최근 구독경제의 빠른 확산은 데이터를 수집하고 처리하는 기술의 발달과 궤를 같이한다. "아마존에서는 데이터가 모든 것을 지배한다Data is King at Amazon"라는 말을 통해 우리는 아마존의 성공에는 데이터가 핵심 역할을 했다는 것을 알 수 있다. 이 말을 빌려 "구독 서비스에서는 데이터가 모든 것을 지배한다"라고 말해도 과언이 아닐 것이다.

데이터는 구독 서비스의 모든 사례에서 인프라와 같은 역할을 담당한다. 큐레이션형 구독 서비스에서는 고객의 취향을 데이터로 분석하고 파악한다. 맞춤형 구독 서비스에서는 고객 개개인의 니즈를 데이터로 분석한다. 경험형 구독 서비스에서도 고객의 만족도를 높이기 위해서 데이터는 중요한 역할을 한다. 다음 달 고객이 만족할 만한 그림을 추천하기 위해서는 데이터를 통해 고객의 취향을 파악하고 수요와 공급을 예측해야 하기 때문이다. 음식점 구독 서비스의 경우에는 고객 방문 시 회원의 나이, 성별, 방문 시각 등의 이용 정보가 축적되고 이를 통해 고객 구매 행동을 파악하는 것이 가능하다. 이렇게 축적한 데이터를 분석해 음료 및 음식 메뉴 개발에 활용할 수도 있다. 잘 팔리는 상품과 고객이 많이 방문하는 시각도 알 수 있다. 재고 관리도 수월해져 보다 효율적인 운영이 가능해진다.

스티치픽스가 취향이라는 애매한 영역까지 데이터로 만들어 관리했듯이 구독 모델을 운영하는 기업은 고객의 취향, 이용 방식, 피드백 등 모든 정보를 데이터로 관리해야 한다. 고객의 구독 서비스 이용 기간이 길어질수록 고객 행동 관련 데이터의 질은 높아진다. 고객과 잦은 접촉으로 고객과 서비스 제공자 간의 상호작용이 늘어나면 고객을 더 잘 이해하게 되고, 이를 반영해 서비스를 개선하면 고객의 만족도가 높아지는 선순환이 이뤄지는 것이다.

고객의 행동을 이해하고 데이터를 수집하기 위해서 구독 모델을 운영하는 기업은 고객과 직접 소통해야 한다. 즉, 구독 비즈니스는 D2C 유통과 불가분의 관계다. 고객과 직접 거래하면 고객의 목소리를 듣고 고객을 이해하는 것이 가능하고 구독 모델을 구현하기가 쉬워진다.

구독 모델의 운영
마케팅의 관점을 바꾸다, 새로운 가치를 끊임없이 제공하다

•

구독 모델의 운영 초기에는 일정 수준의 고객을 확보하는 것이 중요하다. 고객 기반이 없으면 운영 비용의 절감이 이뤄지지 않아 규모의 경제를 달성할 수 없다. 일정 수준의 고객을 확보하기 위해서는 고객의 심리적 장벽을 낮추는 장치가 필요하다. 고객이 느끼는 구독 서비스의 장점은 '직접 제품을 선택할 필요가 없다', '의사결정을 맡기고 시간을 절약할 수 있다', '비싼 내구재를 단기간에 경험해볼 수 있다'는 점 등이다. 하지만 이같은 장점에도 불구하고, 구독 서비스는 지속적인 계약을 약속하는 것이므로 서비스를 가입하기 전 '심리적인 장벽'이 높다. 상품이나 서비스를 이미 잘 알고 있으며, 구독을 통해 얻을 수 있는 효용을 충분히 파악하고 있는 경우가 아니라면 앞으로 지속해서 서비스를 이용하겠다고 약속하는 것에 부담감을 느낄 수 있다. 많은 구독 모델들이 이러한 심리적 장벽을 해결하기 위해 노력하고 있는데 일정 기간 이용할 수 있는 무료 체험 서비스를 제공하는 것도 그러한 노력의 일환이다.

무료 체험 서비스를 제공할 때는 고객이 구독 서비스의 핵심 가치를 느낄 수 있도록 설계해야 한다. 맥킨지의 조사에 의하면 무료 이용 기간 이후 구독 서비스를 취소하는 비율은 평균 40%대로 높았지만, 무료 체험 후 서비스에 만족해 가입을 진행한 경우, 1년 이상 구독을 유지하는 고객의 비율은 45% 이상으로 높게 나타났다. 결국 무료 체험의 만족도에 따라 구독 유지 여부를 결정하는 것이다.

하지만 고객 확보는 구독 비즈니스의 시작일 뿐이다. 고객과의 커뮤니케이션을 통해 끊임없이 서비스를 개선함으로써 지속해서 서비스를 이용하도록 하는 것, 즉 해약률을 낮추는 것이 무엇보다 중요하다. 구독 서비스를 운영하는 기업은 고객에게는 언제든 '해지'라는 선택지가 있다는 점을 명심하고 마케팅의 목적을 바꿔야 한다. 고객이 구독 서비스를 시작한다는 것은 기업 입장에서는 고객들로부터 지속적인 수익을 약속받은 것이다. 따라서 기업은 '물건을 판매하는 마케팅'에서 '해지하지 않도록 고객을 유지하는 마케팅'으로 전환할 필요가 있다.

요즘의 고객들은 매우 똑똑하다. 내가 얻을 수 있는 효용이 구독료보다 크다는 느낌이 들지 않으면 망설임 없이 해지 버튼을 누른다. 해약률이 높으면 신규 고객을 획득하기 위해 마케팅에 투자를 계속해도 장기적인 성장을 이룰 수 없다. 반면에 고객 해약률이 낮으면 신규 고객을 획득할수록 고객 수가 증가하고 수익도 속도를 내며 성장한다.

고객과 오랜 기간 끈끈한 관계를 맺어가려면 고객이 중요하게 생각하는 가치를 계속 제안할 수 있어야 한다. 이를 위해서는 고객이 요구하는 것을 이해하기 위해 끊임없이 소통하고, 고객의 기대치를 넘어서는 서비스를 제공하려는 노력을 보여줌으로써 고객의 신뢰를 획득해야 한다.

명확한 가치를 제안해 고객을 획득하고, 고객과 깊은 관계를 구축함으로써 고객을 유지하기 위해서는 서비스 프로세스, 즉 고객이 서비스를 경험하는 각각의 단계에서 어떻게 하면 최고의 경험을 선사할 수 있을 것인지를 고민해야 한다.

명품 가방 구독 서비스 라쿠사스는 95%의 회원이 서비스를 지속한다. 즉, 고객 100명 중 단 5명만이 서비스를 해지하는 것이다. 라쿠사스는 고객이 서비스를 이용하는 기간을 체험기, 정착기, 성숙기로 나누어 단계별로 적합한 커뮤니케이션과 마케팅을 진행하고 있다. 라쿠사스가 어떠한 노력을 기울이는지 살펴보면 서비스 구독 지속률 95%가 그냥 얻어진 숫자가 아닌 치밀한 전략의 결과라는 것을 알 수 있다.

첫 단계인 체험기는 고객이 라쿠사스의 서비스를 체험해보는 매우 중요한 단계다. 라쿠사스는 고객이 구독을 시작한 후 3개월이 지나면 서비스를 1년 이상 지속할 확률이 급격히 높아진다는 것을 데이터를 통해 알게 됐다. 따라서 처음 3개월간은 라쿠사스가 전달하는 새로운 가치인 '가방을 소유하지 않아도 취향에 맞는 가방을 교환해가며 쓸 수 있다'는 점을 고객이 체험할 수 있도록 하는 것에 중점을 둔다.

우선 고객이 자신에게 어울리는 가방을 찾아서 기분 좋은 경험을 하는 것이 중요하다. 이를 위해 라쿠사스는 가방뿐만 아니라 가방에 어울리는 패션 스타일링과 코디를 제공한다. 가방별로 5종류의 스타일링을 제안해 고객이 자신의 평소 취향과 비슷한 코디를 참고해서 가방을 고르도록 한다. 이렇게 하면 고객이 가방을 사용하면서 자신에게 어울리지 않는다며 실망하는 경우가 줄어든다. 실제로 5종류의 스타일링 사진을 게재하기 전과 후를 비교하면, 라쿠사스의 고객 전환율Conversion rate(체험 후 구독 서비스에 가입한 사람의 비율)이 1.7배나 높아졌다고 한다.

일단 한번 고객이 가방을 빌리기 시작했다면, 체험 단계 중 다른 디자인의 가방으로 교환해보게 만드는 것이 중요하다. "1개월간 가방을 두 번 교환한 사람과 한 번도 교환하지 않은 사람을 비교하면 전자가 지속률이 훨씬 높다"라는 창업자 고다마의 말처럼, 똑같은 가방을 계속 이용하는 것이 아니라 바꿔가며 사용하는 것이 라쿠사스의 핵심 가치이기 때문이다.

이를 위해 라쿠사스는 처음 회원 등록 시 1만 포인트를 지급한다. 1포인트는 1엔으로, 무료로 지급하는 1만 포인트는 현금 1만 엔의 가치를 가진다. 라쿠사스의 월 구독료가 6,800엔이므로 1만 포인트는 약 40일 치의 요금에 해당한다. 고다마는 "이용자의 상당수는 포인트가 남는 것이 아깝다고 생각하기 때문에 2개월까지 사용하기 위해 2개월치 구독료 1만 3,600엔과의 차액(3,600엔)을 추가로 지불한다"라며 1만 엔이라는 포인트를 설정한 이유를 밝혔다.

그렇다면 왜 2개월일까. 그 이유를 고다마는 "1개월이면 가방을 교환하기 위한 배송 기간이 아깝다는 생각이 들어 가방을 잘 교환하지 않는다. 하지만 2개월이면 1회 정도는 가방을 교환해보려고 한다"라고 설명한다. 즉, 최소 2개월이라는 기간 동안 고객이 서비스를 사용하도록 설계함으로써 '언제든 바꿔가며 들 수 있는 명품 가방'을 체험해보도록 한 것이다.

두 번째 단계는 정착기, 즉 라쿠사스 이용이 익숙해진 고객에게 해당하는 단계다. 정착기에 들어가면 지속률은 안정적인 경향을 보이지만 그렇다고 아무것도 하지 않아도 괜찮다는 의미는 아니다. 정착기는 일반 고객을 우량 고객으로 끌어올리기

라쿠사스는 첫 회원 등록 시 약 40일 치의 요금에 해당하는 1만 포인트를 지급한다.
왜 다른 구독 서비스처럼 1개월 무료 체험이나 구독권이 아닌 포인트를 지급할까?

위해 노력해야 하는 시기다. 라쿠사스는 우량 고객을 '20개월
이상 서비스를 지속하고 있으며, 연 4회 이상 가방을 교환하는
고객'으로 명확하게 정의하고 있다. 라쿠사스는 정착기에 들어
선 고객을 우량 고객으로 전환하기 위해 2개의 가방을 빌릴 수
있는 '더블 플랜'을 활용한다.

더블 플랜은 일반 요금의 2배 가격(1만 3,600엔)을 지불하면 2개의 가방을 빌릴 수 있는 서비스다. 라쿠사스의 단점은 가방을 교환하면 새로운 가방이 도착할 때까지 들고 다닐 가방이 없다는 것이다. 서비스가 익숙해져서 명품 가방이 수중에 있는 것을 당연하게 느끼는 고객은 이 부분에 불편함을 느끼는 경우가 많은데 더블 플랜은 이러한 불편함을 해소한다. 또한 가방을 출근용과 외출용으로 용도에 따라 나눠 사용하는 등 더욱 유용하게 라쿠사스 서비스를 활용할 수 있다.

라쿠사스는 정착기에 들어선 고객에게는 더블 플랜을 3개월간 50% 할인된 요금으로 이용할 수 있는 캠페인을 안내한다. 고다마는 "고객들이 일반 요금보다 높은 가격의 더블 플랜을 이용하게 하려면 최소 3개월 정도의 체험은 필요하다고 생각한다. 약 30%의 고객은 3개월이 지난 후에도 더블 플랜을 지속한다. 그리고 무엇보다도 더블 플랜을 이용하는 고객은 거의 해지하지 않는다"라며 그 이유를 설명한다. 가방을 교환할 때에도 여분의 가방을 들고 외출할 수 있고, 원하는 가방을 2개까지 마음껏 바꿔가며 사용하는 경험을 해본 고객은 더는 서비스를 해지할 수 없게 되는 것이다.

마지막으로 성숙기에 들어선 고객에게는 고객이 소유하고 있는 명품 가방을 라쿠사스에 빌려주도록 유도한다. 라쿠사스를 오랜 기간 이용하면서 신뢰감이 생긴 고객은 자신의 가방을 다른 사람이 사용하도록 맡겨도 라쿠사스가 잘 관리해줄 것이라 믿는다. 또한 가방을 빌려줌으로써 고객은 부수적인 수익을 얻을 수 있고 서비스를 더욱 저렴한 가격에 이용할 수 있게 된다. 이렇듯 라쿠사스는 서비스를 제공하면서 시간의 흐름에 따라 고객과 어떤 커뮤니케이션을 진행할지, 그리고 이를 통해 어떤 목적을 달성할 것인지 치밀하게 계산하고 있다.

온·오프라인을 융합한 최적의 경험 설계

•

오프라인의 위기를 논하는 지금, 오프라인 매장의 차별화에도 이 책에서 제시한 3가지 키워드 '큐레이션, 맞춤, 경험'은 중요한 테마가 된다. 전문가의 지식이나 기술의 힘을 빌려 고객에게 가장 적합한 제품을 추천하거나 맞춤형 제품을 만들어 줌으로써 고객이 오프라인 매장을 방문하도록 촉진한다. 체험형 매장 또한 최근 오프라인 매장을 이야기할 때 빠질 수 없는 키워드다. 물건을 판매하는 것이 주목적이 아닌 고객이 브랜드를 체험하는 공간으로 오프라인 매장을 변모시킨 사례를 많이 찾아볼 수 있다.

책에서 소개된 구독 서비스 중 일부는 제품을 체험할 수 있는 오프라인 매장을 선보였다. 에어클로젯, 포스트 커피 등이 온라인의 한계를 극복하기 위해 오프라인 매장을 운영한다. 오프라인에서는 전문가와의 커뮤니케이션을 통해 고객에게 한 차원 높은 서비스를 제공하는 것이 가능하다.

포스트 커피의 체험형 매장에서 고객은 바리스타와 대화를 통해 커피에 대해 더 잘 이해하게 되고, 다양한 커피를 시음해보면서 내 취향에 맞는 커피를 찾을 수 있다. 대화와 시음은 온라인에서는 경험하지 못하는 오프라인만의 강점이다.

맞춤형 샴푸를 제공하는 메듀라와 콘스텔라도 오프라인 미용실과 연계를 강화하고 있다. 고객들이 제품을 체험해볼 수

구독 서비스에서 선보이는 오프라인 매장은 제품 판매가 주목적이 아니다. 고객이 서비스를 체험하고 브랜드를 경험하는 것이 해당 공간의 주요 역할이다.

있도록 함과 동시에 전문가를 통해 서비스를 정교화함으로써 고객 만족도를 높일 수 있기 때문이다.

온라인의 한계를 극복하는 역할을 넘어, 역으로 매장에서 제공할 수 있는 특별한 체험을 골자로 오프라인만의 구독 서비스를 설계할 수도 있을 것이다. 특히 전문가의 경험이나 기술을 활용해 제품을 추천해주는 서비스는 오프라인을 차별화시키는 요소로써 이를 통해 정기적으로 고객의 방문을 유도하는 구독 서비스로 만들 수 있다.

예를 들어, 최근 화장품 업계에서 속속 등장하고 있는 체험형 매장에도 구독 서비스를 적용할 수 있을 것이다. 매장에서 정교하게 피부 상태를 측정하고 컨설팅을 제공한 후 피부 상태에 맞는 맞춤형 세럼과 마스크 팩 등을 만들어 준다면 고객은 정기적으로 매장을 방문할 동기를 가지게 된다.

화장품 업계만이 아니다. 의류 업계가 전반적으로 침체한 와중 일본의 마츠야Matsuya백화점은 직장인 여성을 타깃으로 2019년 3월부터 패션 컨설팅 서비스를 시작했다. 퍼스널 스타일리스트 자격을 갖추고 매장에서 오랜 경험을 쌓은 스타일링의 프로들이 고객을 위해 패션 스타일을 제안해주는 서비스다. 마츠야백화점은 직장 여성, 그중에서도 특히 관리직 여성을 타깃으로 서비스를 제공하고 있다. 약 2시간 30분 동안 진행되는 컨설팅의 1회 요금은 5,500엔(약 6만 원)이며, 스타일리스트는 컨설팅을 받기 전 미리 간단한 설문을 통해 고객의 기본 취향을 파악한다. 컨설팅이 시작되면 처음 30분간은 고객의 스타일을 구체적으로 파악하기 위한 다양한 질문을 하고 나머지 2시간은 옷을 선택하고 입어보는 방식이다.

전문직 및 관리직에 종사하는 여성 중에는 옷을 사러 갈 시간이 없거나 패션 관련 지식이 풍부하지 않은 경우가 많다. 반면 사회적 지위에 걸맞고 장소와 상황에 따라 적합한 패션을 연출하고 싶은 니즈는 높다. 패션 컨설팅 서비스를 전문직 여성들의 패션에 대한 니즈를 해결해주는 정기적인 구독 서비스로 만들어도 좋을 것이다.

맞춤형 영양제 시장이 성장하는 와중 판클은 고객 한 사람한 사람을 하나의 세그먼트로 보고 개개인의 건강 상태에 맞춘 영양보조제 구독 서비스 퍼스널 원Personal ONE을 출시했다. 고객은 온라인 설문을 통해 자신에게 맞는 영양제를 주문할 수도 있지만 판클은 더욱 정교한 서비스를 제공함으로써 고객을 오프라인 매장으로 유인한다. 대표적인 곳이 2020년 8월 도쿄긴자에 선보인 '체험'과 '개인화'를 테마로 한 플래그십 매장이다.

판클의 플래그십 매장에서는 식습관 분석, 인바디 측정, 혈당 및 골밀도 측정을 제공한다. 그뿐만 아니라 '더 바디 컨디셔너'라는 기계를 이용해 미래 자신의 체형을 확인하는 것도 가

판클은 체험과 개인화를 테마로 도쿄 긴자에 오프라인 플래그십 매장을 선 보였다.

능하다. 3D 센서가 고객의 신체 동작을 분석함으로써 근육의 신축성을 측정해 지방이 붙기 쉬운 부위를 알려준다. 나이가 듦에 따라 체형이 변하는 40~50대 여성들 사이에서 인기가 높은 서비스다.

1시간 30분에 걸쳐 진행되는 상담을 받지 않더라도 건강 상태를 간단히 체크할 수 있는 최신 설비들도 설치돼 있다. 집게 손가락을 가져다 대는 것만으로 혈관 나이를 확인할 수 있고, 손바닥을 대면 채소 등 영양소 섭취가 부족한지 아닌지를 확인할 수도 있다. 해당 결과를 바탕으로 직원이 고객에게 필요한 제품을 추천해주는 것은 물론이다. 플래그십 매장에서의 경험은 구독 서비스를 시작하게 만드는 강력한 동기가 된다. 판클은 고객 관련 데이터를 쌓을 수 있을 뿐만 아니라, 상담을 통해 고객과 깊은 관계를 형성하게 되는 장점이 있다.

이렇듯 고객에게 최선의 서비스를 제공하기 위해 더이상 온라인과 오프라인의 구분은 중요하지 않을지도 모른다. 실제로 온·오프라인 각각의 장점을 결합한 옴니채널이 빠르게 확산 중이며, 오프라인 매장에서 얻은 고객에 대한 정보와 온라인에서 얻은 고객 데이터가 합쳐지면서 고객을 더욱 정확하게 이해할 수 있게 됐다. 구독 서비스가 제공되는 일련의 과정에서 어떤 경험을 전달할 것인지 설계한 후 온라인으로 전달되지 못하는 경험은 오프라인 공간을 활용한다. 필요한 경우에는 오프라인 매장과 제휴하고 전문가를 활용하면 된다.

이제는 '고객에게 어떠한 새로운 가치를 전달할 것인가', 그리고 '그 가치를 통해 고객은 무엇을 경험하기를 바라는가'를 질문하자. 명확한 가치를 제공하고 온·오프라인을 넘나들며 고객에게 훌륭한 체험을 선사하자. 바로 이것이 빠른 속도로 우리의 삶을 바꿔가고 있는 구독 비즈니스의 핵심일 것이다.

디지털 대전환 시대,
구독 비즈니스는 더 크게 성장할 것이다

책을 준비하기 시작할 때만 해도 코로나19가 일시적인 유행병일지도 모른다고 생각했다. 하지만 책을 마무리하는 2021년 4월 현재, 우리가 살아가는 시대는 너무나도 명백히 코로나19 이전과 이후로 나뉘었다. 코로나19로 인해 새로운 소비 트렌드가 생겨나고 기업들은 비즈니스를 디지털로 전환하느라 여념이 없다. 코로나19의 확산은 업계의 지형을 바꾸었고 고객들의 행동과 의식도 변화했다.

비대면화와 디지털 트랜스포메이션Digital Transformation에 대비한 회사들은 코로나19라는 위기를 기회로 만들어 성장한 반면 그렇지 못한 회사들은 새로운 변화에 적응하지 못하고 우왕좌왕하고 있다. 이전에 비해 집을 중심으로 한 소비 활동이 급격히 증가했으며, 이제는 비대면 서비스가 업계의 표준이 됐다. 실물을 보며 쇼핑하던 중장년층과 노년층도 온라인 쇼핑의 주요 고객으로 부상했다.

이러한 변화, 즉 비대면 서비스와 홈코노미의 부상 및 온라인 리테일의 급성장은 구독 비즈니스 확대의 기폭제가 됐다. 홈코노미의 활성화로 인한 구독경제 확대의 단적인 예는 콘텐츠 구독 서비스다. 인터넷으로 각종 영상을 제공하는 OTT^{Over The Top} 서비스인 넷플릭스는 2020년에만 신규 가입자 수가 3,700만 명 증가하며 총가입자 수 2억 명을 넘어섰다. 음식점이 일찍 문을 닫거나 영업을 하지 않으면서 집에서 끼니를 해결해야 하는 사람들로 인해 밀키트 구독 서비스도 급성장했다. 일본의 대표적인 밀키트 구독 서비스인 오이식스^{Oisix}의 회원 수는 2020년 3월 말 3만 7,000명에서 2020년 6월 말 4만 4,000명으로 3개월 만에 7,000명이 급증했다. 또한 일하는 장소에 제약받지 않는 근무 스타일이 확산되면서 주거 구독 서비스에 가입하려는 사람들이 증가했고 기존 대형 호텔 체인도 구독경제에 뛰어들었다. 2021년 2월 일본의 미츠이 가든^{Mitsui Garden} 호텔이 선보인 매달 약 15만 엔(약 155만 원)을 지불하면 전국 어디든 원하는 곳에서 머물 수 있는 호텔 구독 서비스는 회원 100명 모집에 800명이 넘는 사람들이 몰려들었다.

앞으로도 구독경제 시장은 질적, 양적으로 팽창할 것으로 전망된다. 시장 규모가 커질 뿐만 아니라 다양한 업계에서도 새로운 구독 비즈니스 모델이 등장할 것으로 보인다. 특히 한국의 구독 시장은 앞으로 발전 가능성이 크다. 구독경제가 발달한 미국이나 일본의 경우 이미 콘텐츠 구독 서비스를 넘어 재화의 영역으로 구독경제가 확산되고 있으며, 대기업뿐만 아니라 중소기업과 벤처기업들이 구독 비즈니스에 속속 뛰어들고 있다.

반면 국내는 뉴스레터, 동영상과 음악 등 콘텐츠 구독 서비스는 많이 등장했지만, 이 책에서 중점적으로 소개한 재화 구독 서비스는 아직 초기 단계로 앞으로 성장할 여지가 크다. 국내는 쿠팡의 로켓와우 멤버십, 네이버의 네이버 플러스 멤버십, 카카오의 마이 구독 서비스 등 IT 기업과 이커머스 대기업을 중심으로 구독경제 시장이 확장되고 있는데, 구독 서비스는 대기업뿐만 아니라 자원에 제약이 있는 중소기업이나 벤처기업도 기회를 발견할 수 있는 비즈니스 모델이다. 본문에서 소개된 구독 모델 중 많은 경우는 직접 재고나 상품을 보유하지 않고 기존 업체들을 모으는 플랫폼의 역할을 하며 비즈니스를 가볍게 만드는 경우가 많다. 자사의 제품을 제공하더라도 많은 경우 제조는 아웃소싱으로 진행한다. 즉, 사업의 규모와 관계없이 비즈니스 아이디어만 훌륭하다면 얼마든지 고객에게 새로운 가치를 제공하며 구독 서비스를 시작할 수 있는 것이다.

현재 국내외에는 우리의 생각보다 훨씬 더 많은 구독 서비스가 존재한다. 본문에서는 그저 단순히 다양한 구독 비즈니스의 사례를 나열하기보다는, 그중에서도 독자들에게 인사이트를 줄 수 있는 모델을 선별해서 소개하는 데 중점을 뒀다. 이를 통해 책에서 제시하는 구독 비즈니스의 3가지 가치를 독자들이 보다 명확히 이해하고 빠르게 변화하는 소비 트렌드를 파악하며 유용한 비즈니스 전략을 짤 수 있을 것으로 기대한다.

본문에서 다루지 못했지만 저자가 관심을 가지고 지켜본 국내의 구독 서비스 중 하나는 의식주컴퍼니에서 운영하는 비대면 세탁 서비스 런드리고다. 런드리고는 고객이 모바일 앱으로 세탁을 요청하면 빨랫감을 수거해 다음 날 집 앞으로 배송해주는 서비스로, 모든 프로세스가 모바일 앱을 통해 비대면으로 진행된다.

2019년 3월 서비스를 시작한 후 2020년 2만 명의 유료 사용자를 확보했으며 이 중 6,000명이 정기 구독자다. 매출은 2019년 대비 2020년에 4.5배나 성장했다. 《조선일보》와의 인터뷰에 의하면 전체 매출 중 정기 구독자로부터 발생한 매출이 60%를 차지한다고 한다. 이렇게 정기적으로 서비스를 이용하는 구독자의 비중이 높다 보니 물류 동선을 짜기도 쉬워지고 물류 비용도 낮아지고 있다.

런드리고는 세탁이라는 흔한 분야에서도 아이디어만 있다면 고객의 불편함을 해소함으로써 새로운 가치를 창출하는 것이 충분히 가능하다는 점을 보여준다. 또한 의식주와 관련된 영역, 즉 우리가 먹고 마시고 입고 자는 것과 관련된 산업은 매일 혹은 매주 정기적으로 이뤄지므로 구독 서비스에 적합한 산업이라는 점을 상기시켜 준다.

앞으로 구독경제가 성장할 여지는 무궁무진하다. 최근 급격히 불어닥친 디지털화는 앞으로 새롭고 다양한 구독 서비스 모델이 탄생하는 데 크게 기여할 것이다. 지금처럼 고객의 행동 하나하나를 속속들이 이해할 수 있었던 시대는 과거에는 존재하지 않았기 때문이다.

구독 서비스는 고객에게 있어, 그리고 기업에 있어 새로운 가치를 제공할 수 있는 사업 모델이다. 기업은 고객과 장기적이고 깊은 관계를 맺고 더욱 질 높은 서비스를 제공함으로써 지속해서 안정적인 수익을 기대할 수 있다. 고객은 구독 서비스를 통해 한정된 자원으로 다양한 제품과 서비스를 경험하는 것이 가능하며 더욱더 즐겁고 편리해진 생활을 기대할 수 있다.

앞으로 의식주를 아우르는 모든 영역에서 새로운 구독 서비스가 등장해 독자 여러분의 라이프스타일이 더욱 다양한 경험으로 풍성해지기를 바란다.

본문에 소개된 구독 서비스(가나다순)

의류 / 잡화	
라쿠사스 laxus.co	렌트더런웨이 renttherunway.com
리프 leeap.jp	스티치픽스 stitchfix.com
스프레짜 박스 sprezzabox.com	에어클로젯 air-closet.com
카리도케 karitoke.jp	카시카리 kashi-kari.jp

이미용	
메듀라 medulla.co.jp	스트랜드 헤어 케어 strandshaircare.com
유어 스킨 y-ourskin.com	카라리스 coloris.shop
콘스텔라 theconstella.com	펑션오브뷰티 functionofbeauty.com
프로즈 prose.com	

생필품 / 생활서비스	
니나루 tanaka-megane.co.jp	달러 쉐이브 클럽 dollarshaveclub.com
런드리고 laundrygo.com	메가네 슈퍼 meganesuper.co.jp
와이즐리 wiselycompany.com	

반려동물	
더 파머스 도그 thefarmersdog.com	리치즈 박스 richzbox.co.kr
베이컨 박스 baconbox.co	월간 펫띵 pething.co

숙박	
아도레스 address.love	하프 hafh.com
호스텔 라이프 hostellife.jp	

건강식품	
베이즈 baze.com	아이엠 iam-iam.com
판클 fancl.co.jp	후지미 fujimi.me

식음료	
그리팅 greating.co.kr	그린스푼 green-spoon.jp
네이키드 와인 nakedwines.com	바인박스 getvinebox.com
보틀브루 bottlebrew.jp	솜셀렉트 sommselect.com
술담화 sooldamhwa.com	술을 읽다 sulfun.com
스낵미 snaq.me	우리술한잔 oneshotkorea.net
오이식스 oisix.com	월간과자/아이스 lottesweetmall.com
위잇딜라이트 delight.weeat.kr	윈씨 winc.com
트레이드 커피 drinktrade.com	퍼플독 purpledog.co.kr
포스트 커피 postcoffee.co	

식음료(오프라인 제휴)	
구비또 gubit.jp	데일리샷 dailyshot.co
커피 마피아 coffeemafia.jp	하이드아웃 클럽 hideoutclub.jp
후치 hoochrewards.com	

취미 / 인테리어	
꾸까 kukka.kr	블루미 라이프 bloomeelife.com
오픈갤러리 opengallery.co.kr	카시에 casie.jp
핀즐 pinzle.net	하나노히 shop.hana.com

가구 / 가전	
구패스 goopass.jp	미공 megong.co.kr
에어룸 air-room.jp	페더 livefeather.com

자동차	
기아 플렉스 kia.com	엑세스 바이 비엠더블유 accessbybmw.com
제네시스 스펙트럼 genesis.com	케어 바이 볼보 volvocars.com
킨토 kinto-jp.com	포르쉐 패스포트 porschepassport.com
현대 셀렉션 hyundai.com	

사지 않고 삽니다

나만의 라이프스타일을 완성하는 구독경제 소비생활

초판 1쇄 발행 2021년 6월 21일

지은이 정희선
펴낸이 성의현
펴낸곳 (주)미래의창

편집주간 김성옥
책임편집 안대근
디자인 공미향
홍보 및 마케팅 연상희 · 김지훈 · 김다울 · 이보경

출판 신고 2019년 10월 28일 제2019-000291호
주소 서울시 마포구 잔다리로 62-1 미래의창빌딩(서교동 376-15, 5층)
전화 070-8693-1719 **팩스** 0507-1301-1585
홈페이지 miraebook.co.kr
ISBN 979-11-91464-25-2 03320

※ 책값은 뒤표지에 있습니다. 잘못된 책은 바꿔 드립니다.